U0553305

感谢南都公益基金会和深圳壹基金公益基金会

对中国灾后社区重建行动学习网络的鼎力支持，

同时感谢福建省正荣公益基金会在前期对行动学习网络的支持

灾害启示录系列

丛书主编　张和清　古学斌　程玉　齐华栋

现场
生命激荡的2008

主编　张和清

Witnessing the Disaster:
The Passionate Lives in 2008

壹基金
One Foundation

社会科学文献出版社
SOCIAL SCIENCES ACADEMIC PRESS(CHINA)

丛书总序

铭记历史　砥砺前行

杨锡聪　张和清　程　玉　齐华栋[*]

自 2008 年汶川地震掀起"公益元年"的热潮后，社会组织参与灾后恢复重建越来越得到各界认可。然而，灾害的突发性和不可预见性，以及灾后服务的高压力和持久投入，让很多不被觉察的知识和珍贵的经验还没来得及被书写和整理，就随着不断流失的人员和转行的机构沉入历史长河。

南都公益基金会在历次灾难的救援和资助中，逐渐整理形成"正面灾害观"，并敏锐地体察到人才和经验对于灾后恢复重建的积极意义，于是在 2014 年底发起灾害领域的人才培养和经验梳理计划，先后协同福建省正荣公益基金会、深圳壹基金公益基金会进行资助，由广东绿耕社会工作发展中心（以下简称绿耕）主办，建立了"中国灾后社区重建行动学习网络"（以下简称"灾后行动学习网络"）。该计划期望联合灾后恢复重建一线的行动者、教育者、研究者，分享和梳理过往汶川地震、芦山地震、鲁

---

* 杨锡聪，香港理工大学应用社会科学系讲师，具有 20 余年中国农村社会工作和 9 年中国灾害社会工作的经验；张和清，中山大学社会学与社会工作系教授，博士生导师，中国社会工作教育协会副会长，具有 18 年中国农村社会工作和 9 年中国灾害社会工作的经验；程玉，南都公益基金会副理事长，"网络项目"的策动者与陪伴者；齐华栋，四川农业大学法学院社会工作系主任，具有 9 年中国灾害社会工作的经验。

甸地震等灾后服务中的本土经验，提升中国本土灾后社会服务水平和研究水平。

灾后行动学习网络是一个集体生产知识的学习型社区，目标是寻求改变。简单的精神、不固定的技术，这些是维持网络生命和活力的重要元素。成员在参与灾后服务前，曾经是商人、军人、教师、职员、护士、公务员或者大学生等。在灾后行动学习网络里，他们同时拥有经验和问题，也同时是老师和学生，他们是"逆境中的伙伴"。大家以"线上"的群聊和"线下"的聚会联结，在分享、互动、合作的过程中凝聚成为生命共同体。诚然，这样的陪伴和书写并不是一帆风顺的。灾后行动学习网络的波澜起伏亦如一部悬疑剧或密室逃脱，而我们需要和大家一起去寻找打开每一扇门的钥匙。

本套丛书便是灾后行动学习网络的成果之一，一共有四本：《现场：生命激荡的 2008》、《凝视：生命与公益交融之旅》、《坚守：从"映秀母亲"到"山里码头客栈"》和《聚焦：中国救灾实践样本》。我们从"生命故事"和"行动案例"两个取向来加以呈现。它的意义有三：一是关注、关怀和理解参与灾后恢复重建的行动者，他们鲜活、立体的生命故事有着很大的感召力；二是希望抛砖引玉，能够召唤更多的一线工作者参与"行动的经验"的整理和书写；三是探索和分享灾后行动学习网络的双向能力建设的经验和模式。

第一，透过"生命故事"关注、关怀和理解行动者。过去和当前，我们主要将目光聚焦于公益事业的发展和公益环境的变迁，以及公益项目的开展和对社会问题的回应，对这些宏大议题和行动背后的"人"却较少关注，然而公益毕竟是要靠人去做人的工作，理解"人"比理解"事"更难，但更重要。《现场：生命激荡的 2008》记录的是一个又一个"记不清了"，但又在不断回忆和讲述的过程中逐渐清晰起来的真实故事。正是这一个个故事、一幅幅画面，将我们拉回到当年举国轰轰烈烈抗震救灾的社会图景中，也让我们直接又真实地体察到面对灾难的人类本性与希望。《凝视：生命与公益交融之旅》则反映了作者们不同的经历、体验和感受，我们可以知道他们过去经历了什么，他们为什么会选择公益，他们如何审视目前的选择，未来是否会更好。这样的书写，更重视生活体验和关注内心感悟。也是在这样写故事和看故事的过程中，人与人的内心发生真正生命意义上的互动。

第二，召唤、整理和书写"行动的经验"。灾后服务的经验往往由研究者书写，灾后服务的培训也由研究者来完成。而"行动的经验"在加工过程中不可避免地流失，隐含着"人"和"事"的分离、研究和实践的割裂。因此，我们要让工作者同时成为知识的生产者，而不是使其成为被动的学习者和接受培训者。《坚守：从"映秀母亲"到"山里码头客栈"》讲述的是绿耕在"映秀"和"草坡"八年的坚守。"映秀母亲"的刺绣项目曾多次作为灾后心理援助的典型案例，但终因封镇搬迁难以持续。"山里码头客栈"曾经是绿耕人的梦想，也终因泥石流天灾和新的扶贫政策不得不完全撤离。八年的跌宕起伏，呈现的是中国式救灾图景中社会组织艰难的路径探寻过程。这让我们再次反思：面对漫长而细致入微的日常生活方面的社区重建，尤其是老百姓的精神重建，灾后应急机制是否真的无能为力？《聚焦：中国救灾实践样本》既不是以数据、图表为重心的项目报告或成功典范，也不是一部充满"干货"的经验指导手册，而是由一个个"有血有肉"的具有生命力的案例书写而成的，通过工作员第一角色的书写，探求一种可以穿透个体经验的、藏在经验背后的深层哲理。灾后重建是一个复杂的情境，不仅应是经验的传递，还应有情感上的共鸣。

第三，探索和分享双向能力建设的经验和模式。学习不单意味着知识的增长，同样重要的是价值观的塑造与巩固。灾后行动学习网络的经历，从群体动力的角度让我们肯定多元文化互动的重要性，因为单一文化的群体，出现有效动力的可能性相对较小。灾后行动学习网络的目标是将一群异质性很强的人结为共同体。因此，用传统的学习模式，例如主题讲座、案例分享、参访汇报等单向模式，容易把教与学二元对立起来，群体的动力难有质变，学习成果只依赖学习者的主动性及能力，学习成效的持续性就更没保证。灾后行动学习网络为了促进群体动力的出现，提出要建立学习型的社区：主办方没有为灾后行动学习网络制定确切的学习主题和内容，反过来希望由学习者（网络成员）提出学习需求及目标，把网络理解为一个"村"并成立"村委会"，由"村民"自治自决。我们形容这是"立体"、"双向"的学习，从直接参与的经历中建设学习者的能力。这是单向模式难以发挥的作用。所以，只有将尊重成员的想法和需要、共同支持网络的生存和发展与满足自身需要密切结合起来，共生关系或共同体的状态才能持续。

目　录

序

不忘初心

高思发[*]

时间过得真快，在导师的指导下书写我的"5·12"生命故事不知不觉已经18个月了，漫长的煎熬，各种痛苦、纠结、喜悦和欣慰终于将要有结果了。

2015年我参加了由南都公益基金会、正荣公益基金会和深圳壹基金公益基金会联合资助，广东绿耕社会工作发展中心主办的"中国灾后社区重建行动学习网络"，学习中有一个环节就是学员分享自己如何走上公益社工之路。4月，我们在都江堰集中学习，我们组有巴中的周文国，北京的贺永强，成都的张静、但小莉、董明珠等几位同学，他们有的是退伍军人，有的是家庭妇女，有的是政府工作人员，有的是基金会工作人员，虽然从事不同的工作，但都有参与2008年汶川地震救灾的经历，并且都成长为社会公益组织的负责人。记得26日这天，大家分享了各自"5·12"救灾的故事，非常激动，不知不觉到了深夜，我的泪水模糊了双眼，但走上公益社工之路的初心却越来越坚定。

2008年我还是一个在拉萨经商的小生意人，因为"5·12"地震家乡

---

[*] 高思发，中国心志愿者团队队长，北川大鱼青少年公益发展中心理事长，从事中国灾害社会工作9年。

受灾，我毅然决定从拉萨回到四川参与救灾。最初我只是想干两周的志愿者，没想到一干就是 9 年，如今已经在北川注册了自己的社会组织，成为全职公益人，主要经营"品质助学"和"那山成长营"两个项目，在全国社会公益组织中也有一定的品牌影响力。人们都说 2008 年是中国志愿者元年，"5·12"地震灾难激发了人们的同情心、悲悯心和爱心，300 万名志愿者怀揣着互助、不求回报的精神奔赴灾区参与救灾，留下了许多感人的故事。后来，我也参加过青海玉树、四川芦山以及云南鲁甸等地的地震灾后救援工作。曾几何时，那纯粹的志愿者精神在灾后救援中变得复杂了。有些人也渐渐淡忘了地震灾难的那段历史，可是，作为"5·12"地震救灾的参与者，我不能忘记那段历史，遗忘就是亵渎。那颗淳朴的走上公益社工之路的初心需要有人去坚守，坚守不仅仅是铭记苦难，更是志愿者精神与文化的传承。我们站出来讲述这段历史，就是想用那充满血与泪的记忆唤醒我们单纯的初心，也照亮更多的人投身公益与社工事业的道路。从 2008 年起，"中国心"十届那山成长营的志愿者一直都实行 AA 制，坚持志愿者服务的纯粹性，自费参与志愿服务；共同讨论制定机构规则，服从管理规则，不允许任何人超越规则。这样做让我们感受到公益服务纯粹的快乐，保持了初心。我们的民族在发展中仍然会遭遇灾难，中国的公益社工之路还很长，需要更多的人投身公益事业，只有抱持坚守互助、不求回报的精神，中国的公益社工事业才能健康发展。

书写的过程是痛苦的。因为只上到初中，又没有写这类文章的经验，我有种肚子里有货就是倒不出的感觉，写出来的文字逻辑混乱、颠三倒四。18 个月的书写过程对我来说真是漫长的磨难，好在有导师的指导，他不仅指出书写的方向，还不厌其烦地帮我调结构、修改文字。

书写的过程也是幸福的。通过书写，仿佛时光倒流，过去的经历一幕幕再次呈现在眼前，我看见了曾经的自己，也对自己成长的过程进行了一次梳理。中国心志愿者团队（以下简称"中国心"）从 2008 年一个只有 17 人的志愿者团队发展为专职从事公益社工事业的注册机构，从 1 个机构发展为 3 个机构，从只有 1 名全职工作人员到今天拥有 22 名全职工作人员，9 年间共有 1700 名志愿者参与其中。从"中国心"生存、发展的历程来看，其不仅有自己的坚守，也有智慧的结晶，更有背后的逻辑。我写了几个故事，每个故事述说的都是我们"中国心"在成长过程中面对各种困难、压力以及在复杂关系和各种矛盾张力下一次次坚持初心探寻公益之路的心路历程。曾经，我是那么刻意回避那段过往，不愿忆起其间所经历的痛苦和挫折，今天看来当时的过程是那么扣人心弦，许多事情稍有差池，就没有今天的"中国心"了。可是，通过重新梳理这一段经历，曾经的心伤逐渐释怀，我更坚定了自己的初心，也看到了曾经的不足，从中总结出许多经验和教训。

9年公益社工之路，从志愿者到全职公益社工人，表面看我是付出者，其实我也是受益者。曾经我是个愤青，做事凭着一股热情和冲动，带着一些恣意，为此付出过代价，可是，为了自己热爱的公益社工事业能够良性发展，我迫使自己养成了思考的习惯。作为公益人，必须认清自己的内心，明白自己的定位；作为服务者，面对各种复杂的情况，必须让自己冷静思考；作为团队的领头人，必须思考如何规避风险，如何使项目实现可持续发展，如何提高项目的品质和专业化水平，如何实现社会工作人才在地化发展……从心态的改变到自律，从自律到展现榜样的力量，每一步都是在行动中不断思考的结果。思考也让我懂得一个男人应担当起守护家庭的安全与稳定的责任，努力扮演好一个儿子、一个丈夫、一个父亲的角色，因此收获了美满的爱情和幸福的家庭。

"5·12"就如昨天，我内心依然热血澎湃，这一段经历不仅仅给了我可以遵循自己内心做人的机会，更让我交到一帮可以浴血奋战的战友——1700多位志愿者、300多位多年的捐赠人以及陪伴我多年的团队工作者。

本书除了展示我们公益社工人的"2008"，还有3篇大学社会工作老师的"2008"。尽管大家的公益社工历程各异，但我们的初心不变，我们对社会公正的追求不变。相信对"2008"的书写，让我们前行的道路更加清晰，使我们对社会理想的追求更加坚定！

生命是短暂的，在短暂的生命历程里可以书写自己的故事，不仅仅是荣幸的，更充满了感恩，感谢古学斌老师、张和清老师及齐华栋老师；感恩南都公益基金会、正荣公益基金会和深圳壹基金公益基金会为我们提供这样的平台，让我们可以再一次寻找到自己，让生命永恒！

情意结

张和清

现在回忆"2008"，我觉得最准确的一个词是情意结，因为情意结是内心深处的纠结、矛盾、张力和放不下。写作本文，也是想通过梳理自己与这场大灾难的爱恨情愁，使自己放下！

没想到，我的"2008"和"5·12"的情意结源自对儿子的内心纠结。

一 对儿子的情意结："遗憾"、"感恩"和"责任"

我刚赴映秀的日子也是儿子高考、填报志愿和择校的时候。2008年6月初借助广州对口援建映秀的契机，受广州市民政局的委托，我负责组建一支广州高校社工先遣队奔赴震中映秀建立社工站。建站的过程始于5月27日，当时我跟随由广州市民政局组织的广州社工赴川先遣团进入成都、绵阳和都江堰灾区评估灾情并探寻社工介入灾后重建的可能性。

在北川县的擂鼓镇，我人生第一次感受到什么是"战场"。巨型直升机拖着挖掘机在空中盘旋，伴随一阵阵马达的轰鸣声，直升机消失在前往唐家山堰塞湖的方向。在蓝、白、迷彩相间的帐篷群之间，干部、群众、医生和解放军等行色匆匆。在一顶写有"民政"字样的蓝色帐篷里我们认识了北川县民政局王局长，他在震后一直无眠，不断压抑着丧亲之痛，面无表情地接待着海量的来访者，指挥着救灾物资的发放。当我们交谈时，我明显地感到他眼神发散、满脸倦意，很显然，像王局长这样的民政干部需要休息和心理支持。在都江堰聚源中学，满眼是粉碎性坍塌的校舍和面带绝望神情的丧亲家长，我们感到这些丧亲的父母和幸存的孩子需要心理陪伴和社会支持。与此同时，在都江堰幸福小区的废墟中，老父亲绝望的神情和一声声的哀叹，使我明白眼前濒临倒塌的商品房承载着父母一生的心血，一瞬间化为乌有，这是他无论如何都接受不了的现实。我感到父亲需要亲人的温暖和关怀。

返回广州后我脑海里不断浮现出丧亲家长、王局长和父亲等人哀伤和绝望的神情，还有灾区满目疮痍的情景，心里惦记着能够早日奔赴四川灾区，以便尽一份作为社工和儿子的微薄心力，也算是自我安慰。与此同时，在昆明的儿子正在紧张地准备高考，作为父亲的我无法陪伴在他的身边，除了惦记和忐忑不安，只能为他祈福。

那段时间，我感觉到很煎熬，除了每天守在电视机前关注四川的灾情，就是等待广州市民政局的召唤。6 月中旬的一天，我终于接到广州市民政局的消息，由我负责组建一只以广州高校社工师生为核心的先遣队，进入广州援建的映秀镇建立社工站，旨在"点燃希望，助人自助"，这是我们当时从广州机场出发时队旗上的口号。我觉得很荣幸，更感到责任重大，暗下决心一定不辱使命。

趁着筹备入川的空档期，我回到昆明，一家人商议儿子的高考和填报志愿事宜。那几天，在估分的基础上，我们认定凭借儿子云南师大附中的名号和平时模拟考的好成绩，他最起码能够就读中山大学。公布考分那天（2008 年 6 月 22 日）早上，带着满脑子的希望和期待，我登上昆明直达成都的航班——希望儿子心想事成，期待我们顺利进入映秀。下飞机的那一刻，我一打开手机就接到儿子的电话："老爹，我考了 531 分。""不是 600 分吗？怎么差那么多啊！"我急切地问道。他反倒安慰我说："还比一本多一分。"……我心想："我都乱了阵脚，你小子还挺淡定。"原先的如意算盘一下子落空了，突然间自己一副失魂落魄的样子。正当不知如何是好的时候，学生拨来电话说："张老师，我们都到成都了，就等你过来一起出发！"说实话，直到现在我也记不清当时是怎样从机场赶到集合地点，又是如何出发赶往映秀灾区的，只是依稀记得自己从机场坐上出租车不停地给家人打电话，商议儿子高考的事情应该如何应对。记得当天越野车开到都江堰紫坪铺一带时满眼都是山体滑坡的情景，一座座陡峭的山峰"开膛破肚"，巨型水坝中间还有几条巨大的裂痕。印象比较深刻的是从都江堰到映秀路段不是便道就是野战军搭建的临时铁桥，岷江两岸的山体不断滑坡，司机伸出脑袋机警地望着高山上随时有可能滚落的碎石，他一个劲儿地踩足油门往前冲……我当时的心情是紧张而难过的，害怕眼前出事故，又为儿子高考的事情担忧。当车开到映秀"百花大桥"时，首先映入我们眼帘的是从震中牛圈沟里喷涌而出的泥石流直达岷江，远处岷江两岸的映秀镇上到处是蓝白相间的帐篷，间或有一片片军用迷彩帐篷。我们到达映秀中学的废墟以后，好不容易在拥挤的帐篷里找到广州民政局的接头人，他把我们介绍给"广州建筑"正在搭建板房的负责人。我们还偶遇了正在指挥建设映秀小学板房的广州黄埔区委书记，这些"贵人"帮助我们在映秀迅速安顿下来。① 在记忆中，我们是中午一两点到达映秀的，快天黑时，已经从"广州建筑"那里借到两间尚未安装门窗的板房和几张高低床，从黄埔区委书记那里得到"一日三餐"的搭伙优待，在天黑之前我们已经在映秀上空竖起"广州社工"的旗帜，上面写着"点燃希望，助人自助"。

晚饭后，在柴油发电机的轰鸣声中，我接到妻子打来的电话，我们在板房前面的临时停机坪商议儿子报高考志愿的事宜。当晚我们并没有商量出具体的结果，我只是觉得内心非常矛盾，一方面儿子遇到人生的第一道坎，做父亲的应该回去与家人共同面对，但另一方面我们广州社工好不容易在映秀住下，连基本情况都没摸清楚怎能离开……刚去的那几天，我除了与同事白天走帐篷入户访谈，晚上分析灾情，寻找社工介入的可能性，就是与妻子和儿子通电话商议如何填报志愿、是否复读等问题。后来妻子告诉我凭借儿子的考分或者可以报读华南农业大学，或者可以就读广州最好的"二本"学校，比如广东工业大学等。

---

① 当天如何扎根映秀的故事在我们出版的书中都有涉及，此不赘述。

在电话里我跟儿子沟通，他说"农大"和"二本"都愿意读，就是不想复读，理由是"想离开我妈的温床"。听到他说这话，我眼睛模糊了，知道儿子懂事了，他并没有责怪没有尽职的爸爸，也非常体贴妈妈的难处。我们约定一起到广州先看看学校再做决定。

那天我临时离开映秀赶到广州白云机场接儿子。这是他生平第一次到广州，也是第一次到中山大学我住的过渡房里。在广州期间，他除了在中大参加一场香港浸会大学艺术设计专业的面试之外，还实地走访了华南农业大学和广东工业大学，他毫不犹豫地答应报读这两所大学，并且非常乐意报完志愿立刻赶赴映秀做志愿者。就在那一刻，我知道儿子要到广州与我长期相伴同行，他还会到映秀与我短暂相聚。那段时间，只要一想到我们父子即将在广州开始新生活，我的内心就感到踏实而温暖，自己暗下决心一定要全心全意尽到做父亲的责任，既要弥补之前对儿子缺乏照顾的亏欠，也要好好陪伴他健康成长。毫无疑问，未来 4 年我们父子二人会在这座大城市里相依为命。

儿子很快赶到映秀社工站做志愿者。他过来的当天晚上我们父子挤在板房里一张高低床的下铺共眠。记得在蚊帐里，他从自己的包里拿出从昆明带来的糕点等零食执意让我吃，这时一种从未有过的感动油然而生，我一阵阵地眼睛模糊，一阵阵地心里难过……以后和儿子在一起时还有过一次这样的感觉。读华农的 4 年，儿子表现得非常优秀，在导师和师姐的带领下，他在果园努力做实验，在实验室认真分析数据，本科阶段已经发表英文文章，还获得国家奖学金。为此，他提前获得中科院上海生命科学院硕博连读的录取资格。当时只要学院给他一个"推免"名额，他就能够顺利入学。曾经有人建议我托托关系，保证万无一失。我一方面拉不下自己的面子，另一方面也觉得不会有问题。谁曾想，最终确定免试名额时，他落选了。当时我一边后悔自己太自私，是"死要面子活受罪"，一边极力说服他拼命复习考试，用分数"起死回生"。但当儿子的考研分数出来时，竟然比上一年的分数线少一分，这使我完全绝望了，伴随着内心对他的歉疚，我只能鼓励他主动申请调剂到其他学校读研。记得那天一大早我正带领本科生在天河区沙东街道办事处进行"社区行"和"家访"时，突然接到儿子的电话，他激动地说："老爹，我考上了，比分数线多 3 分！"顷刻间，我眼睛模糊，心里难过到了极点，嘴里默默地念着："张儿！张儿！你解放了！"心里默默地想着："一分耕耘一分收获！""后半辈子我一定要做更多的善行来报答老天爷的恩惠！"

与"眼睛模糊，心里难过"的状态相比，儿子在映秀的一周时间里，我一边享受着跟他在一起的美好时光，一边担惊受怕，却又说不出口，只能默默地为儿子和他的志愿者伙伴们祈祷。作为志愿者，儿子除了布置村民帐篷活动中心，按时转播奥运会比赛，维持中心的秩序，几乎每天都要与西南石油大学社工毕业生芦芝、康进和小叶他们步行到岷江对岸的黄家院村。

黄家院村是我在映秀那段日子的一块"心病"。刚到映秀时，我们发现除了黄家院等两三个边远山村，其余的村民都已经被集中安置到镇中心的帐篷区。第一次步行到岷江对岸的黄家院村临时安置点时，我们看到沿途的山体仍在不断垮塌，村民们住在缺少床铺的简易民政救灾帐篷里，许多老人家和妇女每天冒着生命危险翻山越岭回家照顾牲畜、侍弄庄稼、整理废墟……这与镇上集中安置区救灾物资堆积如山、战士们每天入户帮忙清理废墟、居民们等待发放救灾物资等情形形成了强烈的反差。基于"弱势优先"的社工理念，我们不仅帮助购买紧缺物资，还动员黄家院村民自己到镇上扛着床铺返回帐篷，自我安顿。除此之外，那段时间社工还经常跟随村民返回村庄的废墟，入户访谈，关怀老人，期望照顾到因为"大面积救灾"而被忽视的具体"点"上的边缘弱势人群，这就是社工常说的"雪中送炭"。

儿子到映秀后，除了参与镇上的一些常规性工作，几乎每天都与卢芝等从社工站前往黄家院村临时安置点，他们还会经常跟随村民沿着震后断裂的小道回家清理废墟，探望老人。说实话那段时间我的内心非常纠结——想让儿子去，又害怕出事；不想让他去，又说不出口。每当他们前往黄家院的方向时，我都忍不住往岷江对岸望去，晚饭前总是期望儿子他们平安返回。

时间过去快 8 年了，今天夜深人静的时候，我之所以可以坦然地说出

"2008"，在映秀，我对儿子的遗憾、愧疚和纠结，最重要的原因是 8 年来我与儿子从到达映秀的那一刻开始，我们的生命都得到升华和超越，我们都以对方为傲。想写我的"2008"父子情意结，不是想通过书写打开彼此的心结，因为当时儿子愿意到广州读书，毫无怨言地走进映秀，我们之间是没有心结的。今天看来这样的书写是为了帮助自己打开情意结——更多的感恩和责任：感恩"映秀母亲"，感恩黄家院的父老乡亲，感恩家人朋友，感恩绿耕团队，感恩驻村社工……感恩背后是为了一份责任——"映秀不会死"，她正在自我重生的路上。

二　对父亲的情意结：既"爱"又"恨"

我刚到映秀的日子是父亲成为"灾民"的时候。他老人家常说："地震是坏事，家没了，但也是好事，把你'震'回来了。要不然我们父子这一生要少见好多面呢！"的确，我连做梦都想不到一场大地震在摧毁了我家房子的同时，却在之后长达 8 年的岁月里，让我有机会与父亲无数次地亲密接触，我觉得这期间我们之间发生的故事比从我出生到离家读大学 19 年所经历的事情都要刻骨铭心。这些故事凝聚了我和父亲的情意结——一种既"爱"又"恨"的感觉。

刚发生地震的那一刻，我不停地给父亲打电话，可怎么都打不通，因为不知道他当时是在都江堰还是在成都而感到忐忑不安。很快从弟弟的电话里我得知他老人家正在成都后妈的家里并无大碍。当时我的一个念头就是很想知道我们在都江堰的家怎么样了。当天我终于跟父亲通上了电话，他很焦急地说："很想马上赶回都江堰看房子倒了没得，又找不到车去，也不知道路通不通哇……"我不停地安慰他道："人没事就是不幸中的万幸，安全第一，不用急！"……后来从后妈那里知道父亲还是在第一时间赶到都江堰幸福小区家门口，他不顾生命危险试图冲进家里，但迫于房屋开裂变形，上面几层都已经向下垮塌而只好作罢。再后来，经历的灾难多了，我才明白对一个灾后没有了家的老人家而言，那样的安慰是非常苍白无力的，与其说一些没有"同理心"的大话和套话，还不如陪伴他冲进房屋里以此了却他的心病来得痛快和实际。事实上，他之后真的两次冲进危房，做了他想做的一切。这是后话。

2008 年 5 月 27 日，震后第一次赶回四川，我除了随团队奔赴绵阳、北川、都江堰查看灾情，还抽出半天时间在后妈家里聆听父亲的倾诉。记得那天下午我一落座父亲便迫不及待地讲述自己灾后的惨痛经历。他说："（震后）第一时间赶回都江堰家里，幸福小区那一片很多楼房都坐（垮塌）下来了，我们家那层楼的预制板和墙都倒了，门窗严重变形，人根本就进不去。家里的啥子东西都拿不出了，连个凳子都没有搬出来，在青海奋斗了一辈子建立起来的家一会儿工夫就啥子都没得了！"此时坐在沙发上的我看着坐在阳台边的父亲老泪纵横的样子，心都碎了。也许是很久都没有这样倾诉了，那天父亲越讲越远——说自己小时候被父亲（我爷爷）抛弃，跟着母亲（我奶奶）孤儿寡母在他外婆家生活长大，经常被外人欺负；说他和我妈妈在青海高原奋斗了 30 多年，好不容易供完 4 个孩子读了大学找到工作回到老家，老伴又突然去世了；说拿出全家人一生的积蓄和退休费好不容易在都江堰买了套房子，又被地震"震垮了"，现在连自己都成了灾民……那天下午，几乎都是父亲不停地讲述，我几乎插不进话。记得有几次他的语调从高昂到轻柔再到无语，我知道他讲累了，打瞌睡了，而那时我似乎也是睡眼蒙眬的……

这之后的半年时间里，我竟然很享受坐在父亲身边听他讲故事。例如他讲到震后第一次去都江堰返回成都时一个人坐在公交车上打瞌睡，自己的背包竟然被小偷划开口子偷走了里面仅有的两百块钱，他说有些人真没良心，大家都在救灾，他们还要偷东西。每当听他讲述受灾后的各种磨难和趣事，特别是当他联想到儿时的悲伤情景时，我都会心生爱怜，从父亲身上我更能体会到一个"灾民"的悲痛和无奈。父亲与房子和家当的故事，促成了我心中对他既爱又恨的情意结。

震后跟父亲一通上电话，他的第一反应不是自己的安危，而是牵挂都江堰的房子和家当。在这之后的很长一段时间里"家都没得了！""啥子都没有拿出来！"成为他的口头禅。记得最初几个月每当说起家时，他总是唉声叹气，一副可怜巴巴的样子。我第一次（2008 年 6 月底）与父亲赶到

"幸福小区"的家门口时，整个小区人去楼空，大多数楼盘成为"站立的废墟"（东倒西歪），我家那栋楼房虽然没有彻底坍塌，但旁边倒塌的楼房已经压了过来，三楼以上严重变形。我当时斗胆接近单元楼梯口时，突然发现一楼的废墟上有一块布满灰尘的缎子被面，我一眼就认出它是家里压箱底的存货，是母亲留下来的遗物，是我们从青海都兰县带回来的宝贝。我顺手拿起缎面抖落灰尘，随口问父亲："这不是家里柜子里的存货吗？""是小偷进去拿东西时丢下的！"父亲还说，"都江堰现在有很多胆子大的人开着大卡车，有些人开着吊车从危房的阳台上往外吊东西发财……"我知道当时我们根本不可能进入位于四楼的家里，就和父亲离开现场，并一再嘱咐他说："千万不要进去拿东西，很危险！命要紧！"父亲随口答应了。

后来听说父亲与后妈在要不要申请政府的临时板房等问题上产生了分歧。当时的政策是要么放弃永久性住房，可以直接领取几万元的一次性住房补偿款，要么先住进政府的临时救灾板房，等待政府分配永久性住房，但这似乎遥遥无期。后妈认为直接领取一次性补偿款最实惠，而父亲觉得在都江堰有房子才有家。后来经过我的反复劝说和争取，父亲终于如愿分到一间临时板房。那天我开车帮他拉一些破烂家当去布置板房，看到一个大衣柜的顶柜跟我们都江堰家里的一模一样时，便提出了疑问，后妈告诉我地震后父亲像疯了一样，他两次冲进危房搬东西，那个顶柜是他冒着生命的危险硬扛出来的。我一下子意识到房子和家当对父亲而言比他的生命还重要啊！父亲说："我一次进去扛出柜子，一次进去拿出一个凳子和米缸。"看着讲话时父亲自豪的样子，我由衷地佩服他坚韧不屈。

这之后，房子和家当的故事成为我和父亲每次见面都要谈及的重要话题。他第一次告诉我都江堰有很多居民不愿意政府分配住房，他们宁愿自己维修危房，也不愿意搬进政府统规统建的援建房。他说："像我们家的房子在幸福小区，位置好，都住惯了，听说援建的房子距离市中心很远，以后生活很不方便，也没有熟人。"每次听他谈起有关房子的琐事时，我都会很不耐烦地说服他道："房子被震垮了也许是好事，要不然也不知道我们还要在这个老旧的房子里住多久啊！"我还会对他老调重弹："这么大的地震，只要人没事就好。房子家当那些都是身外之物，以后什么都会有的。"其实我那时候真的没有想清楚家对于一个人真正的意义是什么。

对于地震的发生父亲看得很平淡，但父亲自始至终非常关心住房的赔偿问题，他想尽办法也要争取保住自己在都江堰的家。记得他不止一次对我说："分配的板房要经常过去住，要不然小区管委会的人发现板房空着没人住就会没收，以后也不给分配永久性住房。"因此，2008年下半年他不停地从成都坐着公交车到都江堰郊外的板房里居住。有一次我到汶川社工站公干，路过都江堰时突然想起父亲，就直接开车到板房看看能否与他相遇，没想到大老远就看见他老人家正在板房外面的空地上种菜，他说自己过来好几天了，要多住几天让管委会的人看到有人住以后才能保证分到住房。记得当我和他走进简易的板房时感觉到寒气逼人，里面没有电视，仅仅依靠一个低瓦数的电炉子取暖和煮面。他说："板房好啊，外面可以种菜，自己煮着吃，还不用买菜，能节约好多钱！"我觉得父亲的所有做法其实挺可爱。

直到2008年底有一次跟父亲聊天他讲漏了嘴，我才突然明白震后家里的家当并没有被小偷偷掉，根本不是他所说的"啥子都没得了"。我开始对他产生恨意。那天我们聊得很轻松，父亲情绪高涨，他主动讲了震后第一次冒死冲入危房的过程。父亲讲第一次是和后妈家的人开着一辆车一起到幸福小区门口，但他们都害怕塌方，不敢进去，就他一个人往楼上冲。他说："我拿起一根钢筋撬棍，到四楼家门口用力撬动已经变形的大门，门就开了一条口，刚好可以挤过去一个人，屋顶还有沙灰往下掉。进门后，我就把家里的每个柜子、箱子都撬开，从阳台和窗户往外扔东西，几乎把所有东西都扔到一楼的废墟上了。当时他们（后妈）家人就在下面接我扔出去的东西，再装进他们开来的车里。东西扔完了，他们也捡完了，我跟他们就开着车走了……"

我突然明白震后当我第一次到达楼底时为什么在废墟上捡到妈妈留下的遗物（缎面）；心里想起我们家从青海回到都江堰时那个五吨的集装箱里装着一家人30多年辛劳的存货，原来就是这样到后妈的亲戚家里了；还想起分配板房时除了从后妈亲戚家拉来一张破床，连一床像样的被子都没有，而我们家从青海搬回来的羊毛被褥却不见踪影……当时不是恨父亲对我撒谎，而是觉得他做人太窝囊了。

那天我只是淡淡地问他："不是说家里的东西是小偷偷了吗？"他坚定地回答道："就当作小偷偷了吧！"

这次的回忆与书写使我突然明白，对于父亲而言，房子和家当与自己的生命一样宝贵。后来父亲终于盼来了政府的救济房。但随着新房的到来，他与后妈的婚姻也走到了尽头。当时后妈执意要在都江堰的新房产证上写上自己的名字，父亲可能碍于子女的态度（尽管我们没有明确表示反对），也可能正如他自己所说："如果都江堰的房子没得了，那我就真的没得去处了！"离婚之后那几年，父亲开始到处漂泊，临近八十高龄的他在每个子女家都不能常住，今年春节竟然十五都没过完就一个人返回都江堰家里，大年十五的晚上还是在当年青海一起退休返回都江堰养老的一个朋友家里度过。最近，父亲自己找了一个云南的农妇跟他一起过活，他说："我都快 80 岁了，在你们 4 个（孩子）家里都过不成，她愿意就跟她过吧，就一套房子几千块的退休费，她还能骗我啥子嘛！"

经历过"2008"的父亲，看重的家没了，第二次婚姻失败了，子女似乎也靠不住，快到 80 岁的他终于明白了一个道理：房子、家当都不值得执着，人最终还是要学会放下，只有顺其自然才活得成。

写到这里，我终于明白对父亲的情意结是由爱怜到抱怨再到理解和逐步放下的过程。刚开始我以为在经历大灾难时只要人没事，一切都会好的，生命第一。父亲的故事告诉我，家和生命是同样宝贵的，一旦家没了，就会失去生命的意义。父亲第二次婚姻的失败和投亲靠友的坎坷经历，又使我明白房子和家当，包括生命本身都不值得执着，就终极意义而言，顺其自然才活得成，死得坦荡。母亲早已去世，父亲虽然高龄却经历磨难仍然健在，我应该珍惜跟他在一起的每一刻时光。

三 对社工的情意结："说不清又不得不 说清楚的社会工作"

我们刚赴映秀时正赶上政府把社工当作志愿者予以劝退。到达映秀的第一天，我们这支举起"广州社工"旗帜的小分队不仅遭遇到没有住处、吃饭喝水甚至上厕所都很困难的生活压力，而且因为社工的身份还受到政府的质疑，我们被当作志愿者劝退。记得第一次在前线指挥部遇到沙金副镇长，当我们表明自己的社工身份时，他看见我们穿着印有"广州社工"字样的T恤衫第一反应是广州志愿者，他很客气地建议我们："不要跟灾民争资源，映秀没有接待志愿者的能力，你们到处看看，赶快离开映秀吧。"

所幸的是当天我们得到援建板房的"广州建设"的工人和援建小学的黄埔区领导在吃住方面的帮助，暂时得以安顿。但住下了之后干什么的确使人纠结：一方面只有我们知道自己是社工，不是志愿者，但社工来到灾区能够做什么心里却一点底都没有。看到解放军在清理废墟，医生在治病救人，民政在发放救灾物资……从他们忙碌的身影和疲惫的眼神中我们心里明白（甚至是羡慕）灾区民众一刻也离不开他们。另一方面，我们一进灾区就被政府作为志愿者劝退，碰到村民还没等我们开口，他们就认定我们是志愿者，因为刚地震不久海量的志愿者就蜂拥而至了，老百姓都已经习惯这些外来者了。当时社工身份的尴尬和下一步不知所措的感觉促成我对社工专业的情意结——很想立刻说清楚什么是社会工作，但我们又说不清楚什么是社会工作。

面对上述"两难"的社工情结，当天晚上我们坐在岷江大堤上开会，为自己寻找位置和起步点。尽管我们五人团队有不同的意见，但大家都认同首先必须走进灾民的帐篷里和集中安置区之外更加边远的山村，探访灾情，倾听受灾群众的心声。后来当社工在映秀闯出救灾的一片天地之后，我们给自己的定位是"用行动诠释社会工作的真谛"。现在回想社工在2008年之所以能够得到政府、民众和媒体的认可，这与我们之前系统学习过专业知识，并在平寨具有8年的驻村社工实践，在理论与实践循环往复的过程中逐步内化了"以人为本"、"公平正义"等核心的专业价值观有关。

记得第二天一大早我们就和各路援建大军一起出工了，只不过他们的工作是搭建板房，而我们的任务则是进帐篷和入村。那天走进帐篷和张家坪村的情景使我终生难忘，这样的契机成为我重新思考生命和社会工作的起点。

我觉得第一天进入岷江大堤上的每一顶帐篷和张家坪村（震中）的废墟里是对人心和人性的巨大挑战，因为你只有在那里才能看见绝望的眼神，才能明白失去孩子的母亲是何等的悲恸，与此同时，也只有在那里你才能明白人心和人性可以善良、无私到何等地步！

我记忆最清晰的情景是当走进紧挨在一起的每一顶帐篷时，每个人尤其是妇女和老人家的眼神都是发散而黯淡的，脸庞僵硬，面颊上泪痕清晰可辨。这样的眼神和表情，在以后的玉树、雅安、鲁甸等灾区不断出现，透过这样的一张张脸庞，我日益明白生命的伤痛和生活的磨难是何等沉重。

在张家坪的帐篷里我们结识了失去两个孩子的母亲阿香，在她的带动下一群丧亲的妈妈们开始走出帐篷用刺绣疗伤，后来"妇女刺绣"发展为"映秀母亲"自力更生的项目，先后吸引了 100 多位映秀镇的妇女参与并且受益。正是凭借"入户访问"、"组织妇女刺绣"、"将幸存的孩子聚拢起来"，甚至"背着受伤的老人家进医院看病"等相互扶助的社区行动，在"闯入"映秀不到一个月的时间里，老百姓开始称呼我们是"广州社工"，彼此之间也开始说"广州社工"如何如何，在他们心目中我们是一群从广州过来帮助他们的好人。当老百姓不再把我们简单地称作志愿者时，当地政府对社工的态度也开始发生了转变。就在"鬼节"的前一天傍晚，沙金副镇长突然带着慰问品登门拜访，他说政府一直在默默地观察我们，发现广州社工与一般的志愿者不一样，不是"散兵游勇"，而是有组织并有民政背景的专业队伍，他还发现社工在老百姓心目中口碑很好……趁着第一次和政府官员喝酒聊天，我们轻松地向沙镇长介绍了什么是社会工作，社会工作在国际社会的影响，中国政府如何发展社会工作，等等。沙镇长是一位年轻的接受过大学教育的当地藏族干部，他性格直爽，很有干劲，也很容易接受新鲜事物。那晚我们一边喝着他带来的啤酒，一边互诉衷肠，感觉非常开心。也就是在那一次，他向我们诉说自己的地震经历和工作中承受的巨大压力，我第一次感到基层干部的伟大。没想到从此之后我们之间开启了一段奇妙的不解之缘。那晚，沙镇长临走时拿出一份名单说这些人的情绪激动，害怕他们第二天"鬼节"祭奠亲人时情绪失控，希望社工帮忙跟进。我们答应了。第二天社工分成若干小组轮流排班到"万人公墓"安慰遇难家属。记得当天的现场气氛非常悲痛，家属的祭奠行为肃穆而有序。我们重点陪伴丧亲母亲，当她们痛哭时就递上纸巾，并搀扶着悲伤的妈妈们下山返回板房。

我觉得广州社工之所以能够得到当地政府的认可，除了由于"鬼节"这件事情，还因为一件事情，不仅博得了政府的信任，而且政府与社工双方还实现了协同作战。这件事情就是社工与政府合作"为黄家院村民赠送床铺"。

刚到映秀的前三天我们就已经走进黄家院村的临时安置点，它位于集中安置区岷江对岸的河堤旁的一座高坡上。社工发现绝大多数村民都住在自建的临时棚屋里，里面普遍缺乏床，临时的床是用从家里的废墟中掏出来的板子搭建的，铺着破旧的棉絮床单等。

当时我们除了在集中安置区组织"映秀母亲"刺绣，还把走村入户得到的需求信息撰写成需求报告及时转发给广州的伙伴，请他们发挥资源链接者的作用，希望能够对接到社会资源满足边远地区受灾群众的特殊需求。这种"将最宝贵的资源链接到最需要的人群中"的做法符合社工"弱势优先"和"雪中送炭"的价值理念。社工也算是弥补了政府大面积救灾点上不足的缺憾，社工实际上还扮演了"拾遗补缺"的角色。

很快广州传来消息说狮子会希望帮助到最需要帮助的人群，而且狮子会的做法不是把钱交给第三方发放救灾物资，他们希望直接参与物资的发放工作。得到这个消息后，我第一时间联系到沙镇长，将社工的做法告诉他，没想到沙镇长非常支持这样的想法，而且他刚好负责对接黄家院村的救灾工作，当即表示政府会配合社工做好这次救灾物资的发放工作。

那天我与华南农业大学社工系的卓彩琴老师先期到达成都，我们按照社工需求评估的数量和狮子会的经费总额，在成都最大的家具市场提前选好折叠床和铺盖，还联系好一辆大卡车来运送。第二天，狮子会的朋友到现场看过货物付完款，我们和司机、家具店工作人员一起将五百多套床和铺盖装上这辆五吨的大卡车。之后我和卓老师坐上卡车，沿着无数次往返过的都江堰到映秀的便道赶往映秀板房安置区。

那天还发生了一件意外的事情，当卡车穿过隧道进入阿坝州的地界时，车上的折叠床突然从车顶滑落下来，幸亏司机及时发现停下车来。我们三人齐心协力把床重新吊上车顶捆绑结实。那时我除了感谢师傅毫无怨言的帮助，还对卓老师不怕苦累的行为由衷敬佩。广州社工之所以能在映秀站稳脚跟，得到群众和政府的认可，就是因为有一大批这样的高校社工老师秉持社工精神，以身作则，擎起社工的旗帜，带领社工学生用行动诠释了社会工作的真谛。

当卡车到达映秀板房区时，沙镇长率领黄家院村干部、群众早已等候在那里，在举行完简短的捐赠仪式之后，沙镇长说道："社工做了政府想做而做不了的事情。"我心里甚是欣慰，因为我心底知道社工就是这样在维护社会的公平正义。那天也出现了我认为是映秀镇最感人的场景——来自黄家院村上百名村民身上背着比自己体形庞大很多的折叠床沿着岷江大堤，穿过岷江，走在江对岸随时有泥石流危险的崎岖山路上。我站在安置区广场，望着村民们远去的背影，想着今夜他们可以上床睡觉了，心里感到挺温暖的。多年后沙镇长谈及向黄家院村赠送床铺的做法时他认为这就是专业社会工作，因为社工的做法与政府不同。沙镇长说："政府之所以给广州社工发放工作证和通行证，是因为你们为老百姓做好事，还为政府分忧。"

在沙镇长他们的心目中，社工作为一个专业组织可以与政府合作维护社会稳定，处理社会矛盾。他曾经说："许多问题如果政府出面解决，会把事情闹得更大，群众很反感。用社工的方法处理，老百姓就觉得能够接受。应该用社会力量解决社会问题。"

再后来，沙镇长被调动到草坡乡担任党委书记，他主动找到社工，将汕头援建草坡指挥部的两亩庭院包括里面的一栋永久性楼房和一座两层板房全部免费交给社工打理。他说："这里的公共空间和建筑如果交给商人使用，他们只会作为农家乐经营，除了老板赚钱，一般的村民不会得到啥子好处，而交给你们社工可以变成村民活动中心，你们计划的妇女小组经营乡村旅社，村民还有个收入。如果像你们说的打造为中国农村社会工作培训中心，还可以吸引更多的外人到我们草坡来，宣传草坡……"再后来，社工果真把"指挥部"改造成为乡村旅社，还成立了草坡妇女乡村旅社互助组，板房也被改造成为中国农村社会工作培训基地，基地不仅接待来自香港、台湾等地的体验团体，还在现场召开了中国农村社会工作学术研讨会。妇女们依靠提供食宿有了收入，"指挥部"成为村民文化活动中心。最后，一场突如其来的泥石流灾害，将草坡变成"不适合人类居住"的地方，全乡人民被迫整体搬迁。

在当时，背负着社会工作者的身份进入灾区，面对灾区民众海量的需求和问题，面对群众和政府的疑惑，我们首先必须说清楚什么是社会工作，但刚进入灾区我们没有任何救灾的经验，刚到映秀我们所遭遇的一切都超出过往的实务经验，我们真的说不清楚什么是社会工作，我们甚至无法厘清社工与志愿者的差别是什么。那种想说清楚又说不清楚的两难感受，就是我的社会工作情意结。

好在我们具有 8 年中国农村社会工作的经验教训，从两个方面寻求了突破：一是我们有田野工作的经验，深入帐篷和村庄废墟，了解民情是我们的强项；二是我们有组织群众互助的经验，"映秀母亲"团体疗伤并生产自救帮助我们用行动诠释了社会工作的真谛——在组织与能力建设的过程中通过灾区民众自救与互助，逐步实现社区重建的愿景。在向黄家院村赠送床铺的行动中，我也深感这样的社工行动体现出如下意义：在紧急救助阶段，社工可以扮演资源链接者的角色，将最宝贵的资源送到最需要的人群中，这本身就是"雪中送炭"，就是在践行公平正义的专业社工使命。

四 个人生命、家庭命运与社工本质

写到这里，我已经解开了"2008"的情意结。表面看来"我的 2008"是我个人的生命故事，其实背后联结的是我的家庭，甚至家族生命历程的重要时刻；表面看来"我的 2008"是我个人的专业生涯故事，其实背后联结着我对社会工作作为职业和事业的定位与思考。现在看来，如果没有

2008 年那场大灾难，我与儿子和父亲之间不可能产生如此深刻的生命与情感体验，我也无法解开父子之间诸多的情意结。如果没有 2008 年那场大灾难，我可能一生都没有机会将我的生命与社工专业如此深刻地相互观照，也许我永远都无法体会到社工的真谛。

"2008"将我与儿子和父亲之间亲密无间地结合起来，由此我们之间发生了一系列刻骨铭心的故事。这些故事既让我感受到儿子"在映秀板房的蚊帐里给我好吃的"那般温情，也让我体会到父亲常说的"地震是坏事，家没了，但也是好事，把你'震'回来了。要不然我们父子这一生要少见好多面"那般厚重。我们常说"危"就是"机"，但这需要具备两个前提：一是当遭遇灾难的时候，我们会突然发现彼此之间用温情点燃了希望；二是当遭遇灾难的时候，我们懂得反思，长了记性，亲朋好友间更加团结，在抱团取暖和相伴同行的过程中浴火重生。我非常幸运，2008 年我入川时正逢儿子高考不理想，在我内心非常愧疚的时候，儿子愿意来到映秀与我短暂同行。我觉得这也是他生命中的重要时光，在映秀的经历不仅重启了他的生命航程，而且在之后我与他长达 4 年"相依为命"的过程中，促使我们不断超越自己。我更加幸运的是能够以广州社工和绿耕社工的名义自 2008 年至今始终坚守灾区。这是老天给我一个陪伴父亲并见证他跌宕起伏的生命历程的机会。这使我更加体会到"生命无常"这句话的分量。

由此可见，"我的 2008"是由父子关系和工作关系所构成，前者是灾难当中的亲密关系，后者是灾难当中的专业关系，而实际状况是亲密关系和专业关系相互交织，不可分离。因此，我用"个人生命"、"家庭命运"和"社工本质"三个关键词对"我的 2008"做出最终的交代——对于个人生命而言，"我的 2008"是一笔财富，她让我的生命变得饱满而厚重，我感恩生命的丰盛和坚韧，并对人类充满希望；对于家庭命运而言，"我的 2008"伴随着我的大家庭从低谷渐入佳境，如此坎坷的命运安排尽管使我们历经磨难，但天道酬善酬勤，我愿意成为真善美的殉道者；对于专业的本质而言，"我的 2008"交织着个人、家庭成员和灾区民众等无数人命运的悲欢离合，就情感而言，我对专业最深的感受是："生命影响生命"，生命之间是互换和增值的。

后记：2016 年 10 月 30 日凌晨 3：50，历经半年的剧痛，父亲终于在我面前离开人世了……忍住心痛，伴随泪水，我写下这段文字："没有老爷子，我怎么能够从 2008 年坚守到此时啊！8 年多来，大多数时候，他就是我入川的希望啊！要来四川前，想着第一时间能够见到老爷子，内心充满希望；到了灾区，想着回到成都又可以见到老爷子，就很有动力；离开四川，想到很快又可以再见到老爷子，更是充满希望！今天凌晨这个世上最爱我的人去了……还有什么希望，让自己坚持下去……'天塌了'，还要往前走，这就是人生！"

谨以此文献给我最爱的人——父亲！

高 队

高思发

勇猛的猎豹不会因为跌下悬崖而停止征战！

2001 年 7 月的一个黑夜，雷雨交加，一道闪电划破天空，突然停电了，四周漆黑，但我的内心却在苏醒。第二天，骄阳似火，我突然接到通知，可以参加劳动了。我拿着简单的行李，匆匆迈出布满电网、有士兵值守的"从严队"，瞬间有一种获得新生的感觉。4 个月近 120 天的"小监"生活结束了。

在监狱里有一种叫做"狱中之狱"的地方，简称"从严队"，关押着三种人：逃犯、重大违法犯、余案犯。而我因为余案关了进来。1999 年 9 月 9 日入狱以来，因为觉得给家人带去屈辱与伤痛，我想尽各种方法结束自己的生命，然而事与愿违。进入"从严队"后，我每天只能做一件事情——盘腿打坐，开始从灵魂上自省：我的人生应该是怎样的呢？我不断地追问自己。

我叫高思发，生于 20 世纪 70 年代初期，家在农村。从我懂事以来，家里一直有人生病，疾病与苦难深深地埋在我的心中。为了减免 1 元、2 元学费，需要多次求人盖章的屈辱和难堪至今还铭刻在我的脑海中。尽管我是一个非常懂事、刻苦的孩子，但很难像父辈期望的那样，通过读书或当兵来跳出农门。因为贫困，我不得不在初中毕业后便走向社会，从普通打工仔到一般工厂小老板，从企业主管到地方商业激进青年。虽然我的家教很严，但我却是内心充满叛逆的一个青年。步入社会后，挣脱了家里的管教，我就像一匹脱缰的野马，被灯红酒绿的生活吸引，最终，走向我没意想过的人生。冰冷的铁窗、沉重的牢门，这是过去在电影里才能看到的情景，没想到在这里的生活成为我生命里一段重要的经历，而这一段历程也成为我一生的财富，对我的重生有关键作用。

年轻人敢闯、敢干，但也应该为自己的"敢"买单。监狱是另一个社会，相比外边的社会更为残酷，在这里，我对人性的认识以及受到的人生的磨砺超出预期。7年监狱生活的历练不仅没有让我颓废，相反，把我初入监狱时播下的仇恨种子彻底粉碎。我知道，我需要选择一条脚踏实地、自我奋斗的道路！

当我远离了亲人，远离了家乡，在最为迷茫之时，亲人的温暖给了我前行的力量。再次回到家，父亲已经不在，我愧疚不已，我需要为家承担点什么！

在儿时的一位朋友的帮助下，我回家不到一周便开始上班，从一个普通职员逐步做到部门经理，其间还找到了爱情，有温暖家庭作为后盾，我有了不断追求有价值人生的动力。

不久，我前往西藏，开始进入商业领域。追逐暴利、假话充斥、大吃大喝、生活无节制，商场的工作、生活方式让我无比厌恶。我该怎么办？

2008年汶川"5·12"地震发生时，我正在西藏。四川绵阳的北川县在地震中损失最严重。我是四川绵阳人，住在安县。知道地震的消息后，我无时无刻不在挂念着家乡。当得知家里的房屋成为危房，但家人还安好的那一刻，我除了感谢上苍，便在心里想，一定要为灾区做点什么。

5月15日我在报纸上发现招募志愿者参与公益歌曲录制的消息，立即报名在西藏参加了为期3天的志愿者工作。其间，我从电视上、手机上看到、听到关于北川地震的消息，尤其是在知道北川中学遇难师生超过1000人、县城遇难上万人、家园被毁、人员伤亡严重的情况后，心里一直放不下，当即决定西藏的志愿者活动结束后继续回家乡做两周志愿者。恰在这时，我认识了曹鹍，他也是四川人，他和另外两人发起组建了QQ志愿者团队，准备前往灾区参与救灾，正愁无处下手，我主动表示愿意帮忙，于是，我们一起从西藏出发前往四川。在火车上，我们为这个团队取名为"四川抗震志愿者 QQ 群"先遣队，还制定了 8 条管理规定，我是其中一员。

我们第一批人共 17 名，从 5 月 26 日开始参与北川漩坪乡安州驾校安置点的 1700 灾民的安置工作，6 月 2 日前往北川任家坪参与志愿者服务。其间我们发现，有些家庭因家人遇难悲痛不已无暇顾及孩子，孩子们在四处是危房的环境中到处跑是很危险的，急需有人看管。经过与村民协商，在他们的大力支持下，我们开始共同筹备帐篷学校。

6 月 15 日"四川抗震志愿者 QQ 群"先遣队更名为"中国心志愿者团队"，志愿者人数一度发展到 107 人。我被选为一线团队负责人，人称"高队"。

紧急救援结束后，救援组织和大量志愿者逐渐撤出，但是我们所开展的助学活动因为具有持续性，在北川逐渐回归平静后，中国心志愿者团队继续留了下来，高队也留了下来。现在，大家依然叫我"高队"。我很为这个称呼感到自豪，因为我找到了人生的方向。

一 帐篷学校

（一）启动

6 月的天气变化无常，时晴时雨，十分炎热，援建车辆来来往往，帐篷区周围尘土飞扬犹如放了烟幕弹。李大姐惊慌失措地吼儿子："不准到公路上，免得车子碾死，躲过'5·12'你还不想活了？"因为孩子在危房之间到处乱跑，陈二哥正举着一根棍子在收拾儿子。大灾过后，人们依然沉浸在失去亲人的悲伤中，但孩子是每个家庭的希望。

紧急救援时期，任家坪的许多灾民被安置到绵阳九州体育馆，可是，有的人根本舍不得离开家，很快从九州体育馆搬回来了，故土难离，毕竟任家坪才是他们的根啊！孩子们的家长或者忙于重新安家，或者过于悲伤导致或多或少疏于管教孩子，许多孩子处于"放羊"的状态，在破损严重的建筑物边奔跑玩耍，很危险。首先，余震不断，山上乱石飞滚，废墟上的建筑物随时会有新的垮塌，危房遍地皆是，还有可能发生泥石流；其次，援建工作已经开始，川流不息的援建车辆忙碌地行驶着；再次，因灾后各种疫情还没完全得到控制，比如，当时十分缺水，有传言说水不能乱喝。在这种情况下，学校暂时没有复课，基层县、镇、村政府部门又几乎瘫痪，比如，曲山镇许多干部遇难，而幸存下来的或被调到北川县政府，或被抽调到救援指挥部，灾后一个月了，直接服务基层的干部各种灾后应急工作繁重，对学校复课的事自然是无暇顾及。

在走访中，我们遇到一个孩子，志愿者护士姐姐正在给他用碘酒擦脚，他的脚被垮塌的房屋上的钉子扎流血了；还有一些孩子因为地震惊吓常常哭泣，晚上睡不着觉。我们就在想，环境这么危险，我们可以做点什么？至少我们可以把孩子集中在一起，给他们提供一个一起玩耍的场所，安全上有人管，心理上有可能在玩耍中压力有所减轻。对，办帐篷学校！

我们把办帐篷学校的事跟指挥部汇报，得到的答复是办学校需要教育部门批准。很对，这是办正规学校要走的程序，可我们办的是临时帐篷学校，难道也需要批准？有一天我接到一位自称是海元村村干部的电话，说村里不同意办帐篷学校。邓家办事处的一位老师也反对办帐篷学校，认为干扰了教师和学生的休息。这些都让我们很矛盾。同时，我们原计划两个礼拜的志愿者行动临近结束，"四川抗震志愿者QQ群"先遣队队员大部分已经离开，只剩5男1女共6名队员。在灾区待了十几天了，白天还好，夜深人静时，我们内心深处的各种恐惧便油然而生，一是饿狗四处觅食的吠叫声让人心惊肉跳，我们几个男生不得不把女生的帐篷围在男生的中间。二是余震不断，对面山上石头滚下来的声音和山体垮塌的声音特别大，给我们这些没经历过地震的人带来非常大的压力。三是生活环境恶劣，严重缺水，甚至上厕所都有麻烦。如果这时候离开，回到我们原来的生活轨迹算是功德圆满了，毕竟我们做过了，尽力了。可是，当我们看到灾区仍然有许多可以做和应该做的事情时，那一份责任感战胜了心中的恐惧和各种生活上的困难，我们必须继续坚持下去。

当时北川曲山镇人民政府临时代理的杨副书记说："现在不是批什么

东西，关键是需要把这些孩子组织到一起，安全第一，不能再让这些孩子出现啥子问题。"他的话对我们是很大的鼓励。王哥家有 6 间房子，其中两个大间能住下 20 人，他让给了我们住，还把门前大约 10 平方米的坝子让给我们搭帐篷。老乡和部队官兵对我们特别好，部队医生把防治蚊虫最好的药给我们；好些老乡把家里的空地让给我们搭建帐篷。这些都给予我们坚持下去的信心。这是许多民间社会组织成长的必经过程，如果没有这份坚持，就不会有 2008 年中国公益组织爆发性的成长，也不会有中国心志愿者团队这样的公益慈善专业团队的成立。我们团队就是在具体做事情的情境中逐步找到自己的定位并逐渐成长起来的。

我记得，办帐篷学校最需要解决的是场地、生源、志愿者等几个问题。生源问题好办，把招生信息一挂出去，就有许多孩子来报名，第一天报名 50 多人，第二天 90 多人，总数 150 人，看来这方面的需求是很大的。至于说场地和志愿者的问题，那真是令人感动。搭帐篷需要平坦的场地，当时灾后援建已经开始，平坦的场地基本用于建板房，板房建设速度很快，那时我们每隔两天就要搬迁、腾挪帐篷的位置。震后指挥部很照顾志愿者，在安排完灾民入住板房后优先让我们住进了板房，我们很兴奋，连夜搬进板房，但是一夜的大雨，把我们的兴奋劲儿给浇凉了，整个板房区被水包围，堆放在低处的药品和其他物资全被淹没了，看来以板房作为大本营是不可行的。我们发现对面加油站的建筑基本完好，可以作为帐篷学校的基地，但最初指挥部不让任何人靠近加油站，担心建筑物不安全。后面经过考证，加油站的房子结构完好，可以住人，于是，我们向指挥部提出申请，很快得到批准。这样，加油站成为我们帐篷学校的大本营，我们在这里驻扎了两个多月。至于志愿者，后方很快成立了招募团队，由老队员杨东钦负责，在 QQ 群上发出招募信息后，报名者非常踊跃。根据我们的要求，主要招的是老师、医生、退伍军人，通过筛选，我们共招募了 106 名志愿者，年龄最大的 68 岁，最小的 18 岁，一些人是通过同学、朋友、亲戚介绍报名一起来的，我们根据志愿者的时间分别安排了三期活动。

杨东钦，四川人，是我们的老队员，熟悉网络知识与操作，以前我们团队的招募工作都是由他负责。因为当时有人打着志愿者的旗号做了很多让人不齿的事情，而且到北川的志愿者数量非常多，所以，政府在重建工作全面展开后，原则上要控制志愿者的数量，对招募新的志愿者控制得很严格。东钦在志愿者的招募和甄别方面很有经验，招到的老师比例比较大，其中许多人非常优秀。

老张，40多岁，四川眉山某国企保卫科干事，有公休假期10天，急切想来灾区服务，我们就安排他在大本营值班。我们真是捡了一个宝，他不仅值好班，营地的其他事情都抢着做，而且做起事来严谨、认真、负责，严格按照管理规定执行，不知道身份与情况的，他一律拒绝入大本营。有一次，北川一位副县长因没说明他的身份与探营目的就被老张拒之门外。

陈哲，福建人，是我们志愿者里面唯一没有通过招募就直接到北川服务的志愿者。本来这种情况我们是不收的，为了杜绝一些消极影响，我们对招募的志愿者要求严格，必须十分清楚自身的定位、团队的需求以及我们的服务对象。但是经过面试，我们发现他能力很强，把他留了下来，后来证明我们没有看错他。

张老师是某大学教授，具备管理经验，她任帐篷学校的教务管理。

黄老师来自广东，是非常有信仰的人。他通过朋友为我们募集了10顶大帐篷，缓解了我们帐篷紧张的问题。

（二）转型

随着帐篷学校的成立，原来短期的"四川抗震志愿者QQ群"先遣队要长期在灾区开展工作了，经过志愿者一周的网上讨论，我们决定更名为"中国心志愿者团队"（以下简称"中国心"），还设计了一个以中国地图为背景的徽标，6月15日"中国心"正式成立，17日帐篷学校正式开学，这样，我们的团队开始向正规社会组织转型，自然面临转型期的各种问题和挑战。

首先，生活条件艰苦。如果在灾区做几天或十几天的志愿者工作，诸多生活上的不便和困难忍一忍就过去了，但是，要做几个月甚至更长时间的话，生活条件的艰苦就会成为很大的问题。一是用水的问题。灾区水供应非常紧张，在曲山镇每天只有两台由山东援建组织资助的送水车送水，基本上每天上午9点开始送水，有时还不准时。我们每天早早把营地可以用的30个塑料桶备好，到营地500米开外的地方接水，每次接水都是营地的大事，营地不分男女老少，全体出动去提水。每个桶可以装50斤水，提回营地人累得半死，即便如此，营地170多号人（学生140多人，志愿者30多人）的用水问题依然非常紧张，除去洗菜、做饭的统一用水后，分到每个人头上也就不到4个瓶装水的量，这4个瓶装水的量包含所有生活所需，由队员自主安排，包括体能补水、洗脸、刷牙、洗头、洗澡等。喝的水都不够，洗澡那就是奢侈，营地门口就是公路，每天有很多来来往往的援建车辆卷起的尘土飞扬，根本就看不到人影。门口值班的志愿者即便戴口罩戴帽子穿长袖衫，每天也都变成了"灰人"，只看见眼珠还在动。而且正值酷暑，中午帐篷里面的温度最高曾达到50多摄氏度，实在难熬了，男队员还能想办法找水①来洗洗，对女队员来说还真难办，不但是水的问题，连洗澡的地方都没有，后来，还是男队员搭建了一个简易围栏，才勉强解决洗澡地方的问题，但用水还是很困难。二是上厕所，对帐篷学校170人来说真是一件很考验人的事情。加油站的女厕所虽然还能用，但厕所下水道被垮塌下来的东西堵塞了，臭不可闻，如果是解大便的话，一边要忍受蚊子的侵扰，一边要忍受令人窒息的气味，每次都快速解决以图尽快逃离。陈二哥与附近的几位老乡，每隔一天就要拿一根很长的竹竿帮忙捅下水道，捅过之后会好一些，但在酷热的天气里，不多久气味就再次让人难忍。志愿者申老师，30多岁，是个气质优雅的女子，家庭条件非常好，从小娇生惯养，为了减少上厕所次数，申老师每天只吃一餐，尽量不喝水，上一次厕所戴上5个口罩，从厕所出来总是不停干呕。原以为在如此恶劣的环境下她坚持不到第二天，没想到她坚持下来做满了服务期。

其次，团队定位的问题。有一天晚上，曲山镇副镇长唐祖华②请我们到邓家办事处协助政府工作。因为这个时期政府工作很庞杂，每天都有搬回来的老百姓需要安置，要提供大量的管理和服务。一是出于对唐镇长的

---

① 没经过消毒的水，相当浑浊，但经沉淀后用来洗澡没问题。

② 唐祖华系原北川县曲山镇大水村支部书记，在北川是一个家喻户晓的英雄人物，他曾8次带领专家组、部队进出唐家山考察与抢险，也曾6次上过中央电视台。

尊重，二是考虑到要到邓家办事处为建帐篷学校打前站摸底，我们毫不犹豫就答应了，主要是帮助分发物资。当时情况比较复杂，几乎每一个家庭都有亲人遇难，人们陷入悲痛、茫然、疲惫不堪的状态，一言不合，哪怕很正常的眼神，都会让人情绪失控，不分时间、地点脸红脖子粗地吵起来，甚至大打出手。有时候物资的确不好分。量少，人多，不好分；好的分给谁，差的又分给谁，不好分；东西少放在仓库不分，等物资多了再分，老百姓觉得政府明明有东西却不分；有的乡干部以车为单位将物资分到村，村干部拉回去均分到组，这样把矛盾、压力全部压到组上，而组里有的村民在，有的村民不在，有的人家房子垮塌但人在省外打工，有的还住在灾民安置点，还有的投靠亲戚，物资分发对象难以统计。于是，就会出来一些关于灾民物资分发不公的负面新闻。我们志愿者去做这项工作也做得力不从心，很容易让我们团队成为矛盾的焦点。这段经历让我们明白应该找准自己的定位，做灾区百姓需要，同时自己能做并做得好的事情。能够专心、专业、负责地做好一件事就有价值。

再次，团队的管理问题。原本以为我们团队在各志愿者队伍中管理算得上是规范和严谨的了，但依然有层出不穷的问题。第一，团队志愿者的费用管理。为了实现公益的纯粹性，我们把募集到的资金全部用于服务对象，志愿者生活和管理的费用必须自己解决。我们采取了 AA 制，每位志愿者按每人每天 15 元标准缴纳生活费，每人还需缴纳 150 元队费用于购买扫把、办公用品等公共物资。但有的志愿者出来时身上带的钱也不多，又想继续在灾区做下去，于是向灾民和其他志愿者借钱，当然这种情况是极少见的。对于这种没有经济能力但有时间，希望通过做志愿者满足自己成就感的人，我们在办帐篷学校期间开除了一人，劝退了一人。我们认为只有按规则来做，我们在灾区的工作才能有持续性。AA 制的传统一直坚持至今，其间 1700 名志愿者，每个人都是如此。第二，处理与媒体的关系问题。"中国心"的初衷就是做有益于灾民的事，不希望受到媒体的干扰。媒体报道总有些夸大的成分，喜欢把普通人写得"高大上"，而志愿者毕竟是普通人，有些人会夸大自己做的事、传播一些灾区不实信息，使人感到很郁闷。我们认为做志愿者必须讲无私奉献不求回报，保持一颗纯粹的心，不能夹杂其他目的；而且，现在信息扩散非常快，如果负面、不良信息迅速传播，有可能让当事人连思考与采取挽救措施的余地都没有。因此，我们明确规定，队员不能单独接受媒体采访，即便是必须接受媒体采访，也是为了解决灾民的事情。这些做法是我们历练多年的经验。第三，团队内部信息沟通的问题。在科技发达的今天，手机、互联网是人们通信联系最基本的手段，但在地震后的很长一段时间，手机信号不稳定，电也是时断时续，大部分时间无法通过现代通信技术来联系。我们的帐篷学校分散在不同的村庄，工作布置需要信息沟通，了解各帐篷学校的情况需要信息沟通，志愿者之间经验和情感的交流需要信息沟通，和家人联系需要信息沟通，而且时不时发生余震，更需要信息沟通。记得有一次我们在大本营正在谈事情，突然发生 5.4 级余震，吓得我们从楼上往下飞奔，对面楼上还有人从楼上直接往下跳导致摔伤，这不免让我们非常担心远在邓家的同事们，所以，必须想办法解决通信问题。在这种情况下，我们采用了传统的笔墨通信方式，请人传递，还在信封上粘上鸡毛，称之为"鸡毛信"。通过"鸡毛信"我们完成了工作的交接，传递了队员间的感情，增进了团队的斗志，每次回想起有关"鸡毛信"的各种故事，心里充满了温馨。

这样的环境、这样的历练、这样的帐篷，每天从黎明到深夜，有孩子的欢笑声，有志愿者的讨论声，成为我们一段永恒的记忆。在帐篷学校这个小社区里，我们为孩子开辟了一个安全的天地，寄托了我们对未来的希望，在与灾区百姓同行中我们彼此增进了信任，也为开展下一阶段助学工作奠定了基础。106 名志愿者的爱心开始发芽，到今天"中国心"已经在北川生根，已有来自全国各地的 1700 名志愿者到北川服务，将来，我们更能看到北川长大的孩子到全国各地做志愿者，让爱心传播，让爱的力量风雨无阻！

二　助学中的二三事

8 月 15 日，按照政府的要求，各中小学开始全面复课，我们帐篷学校的使命也就完成了，"中国心"的工作重心逐步转向助学。实际上，在帐篷学校的后期，我们已经开始了第一批助学工作。

之所以有助学的想法，跟我的经历有密切关系，小时候因为父母生病，家里比较贫困，费了很大的力气，我和哥哥才能读完初中。我非常清楚，读书对贫困家庭的孩子来说意味着什么，虽然不是每个人都可以通过读书考上大学从而摆脱命运的羁绊，但至少这是改变命运的一个机会。"5·12"地震后，灾区房屋倒塌，许多人失去亲人、承受伤痛，而只要家里还有学龄孩子，让孩子读书就成为这个家庭非常重要的事情。在办帐篷学校的过程中，我对读书在孩子成长发展中的重要性有了更深的认识，也对如何维护孩子的权利有了进一步的认识，因此，在帐篷学校后期，我们决定将工作重点从原来关注孩子的生存权转向关注孩子的发展权，开始了助学工作。帐篷学校结束后，助学就成为"中国心"强力推动的工作。

"中国心"助学的方式就是帮助贫困家庭就读的孩子解决生活费和路费，一般采用"一对一"的经济资助方式。通过"中国心"将有心助学的资助人与贫困家庭的孩子联系起来，架起我们共同的希望。在助学过程中有几件事情使人非常难忘。

（一）豆豆的故事

"如果可以重新选择，我将毫不犹豫地选择死亡！"这是豆豆地震后在医院接受救治时写在日记上的一句话。豆豆不是我们的资助对象，我是通过张哥认识的豆豆，张哥的女儿是豆豆最好的朋友，可惜在地震中罹难了。豆豆的故事时时警醒我们要避免好心办坏事。

2008年秋天我初见豆豆时，她还是一个17岁的高一学生。她长发、大眼、浓眉，文静而秀美，虽然坐在轮椅上，但言谈举止之间透出的修养给我留下很深的印象。豆豆家在擂鼓镇，家里原有6人，爷爷、奶奶、爸爸、妈妈以及在北川中学读高二的哥哥。除了奶奶和豆豆，其他人都遇难了，家里的三层楼房全部垮塌，豆豆的腰和腿也严重受伤。豆豆在讲述自己故事的时候，脸上的平静和坚毅让我惊诧与不解，以我当时的认知，还不明白大地震给孩子内心带来多么严重的创伤。

冬天的时候，我遇到张哥的妻子，聊到豆豆时，她说这个孩子现在变了，交男朋友、抽烟、喝酒，有可能还吸毒，与奶奶和其他亲戚关系很不好。听到这情况，我有些懵了，怎么会这样?!

原来豆豆的改变在重庆住院期间就开始了。当时，她看到其他同学有父母陪护，而她的身边只有奶奶。其实奶奶也不容易，60多岁了，既要承受丧夫、丧子之痛，又要照顾豆豆，几乎是夜夜失眠。本来是想把亲人遇难的事瞒着豆豆的，但豆豆还是知道了父母、爷爷、哥哥遇难的消息，整个人情绪崩溃，要不是被志愿者紧紧抱着，豆豆差点从住院部八楼的窗户跳下去。这种情况下，豆豆内心非常压抑，根本找不到倾诉对象。

大家对豆豆的遭遇都很心痛，医院副院长收豆豆为干女儿，许多好心人为豆豆送来手机、项链、钱，希望通过物质的补偿来缓解孩子失去亲人的痛苦。由于是唯一的孙女，豆豆的奶奶对她是百依百顺。开学后，每到周末，豆豆就会到张哥家，张哥夫妇把豆豆认为干女儿，把对女儿的爱加倍转移到豆豆身上。豆豆的遭遇还引起媒体的高度关注，豆豆因此还到过北京，上过电视台。鲜花、光环、如潮水般的关爱，让豆豆瞬间进入以前想都不敢想的境地，被动反复、持续地讲述自己的遭遇，并接受无以复加的爱心关注与物质帮助，茫茫然无所适从，完全没法进入学习状态。

最终豆豆变了，张哥对我说，以前豆豆回到家里还会帮忙做些家事，到外边参加爱心活动或者参观旅游回来也会买些小礼物带给他们，现在，已经开始向干爹干妈借钱，早早地耍男朋友。不久，我听说豆豆辍学了，又听说豆豆吸毒了……像豆豆这样的孩子还有很多。豆豆的故事时时警醒我，让我不断地反思怎样才是真正的助人，警惕好心办坏事。

（二）挑起生命重担的女人

吴红，北川县大水村的村民，家住唐家山。与她相识，是因为她的孩子是我们的资助对象，因此我知道了她的故事。

"5·12"地震时，吴红和父亲正在地里干活，突然天昏地暗，大地就像在转圈，整个山和地都在晃动，上翻下陷，四周只听得见山体垮塌和落石撞击的轰鸣声，河道两边的山体扭曲着迅速往中间挤，在河面上猛然相撞，腾起一片尘雾，眨眼间河面不见了，原来的地形完全改变，房屋倒塌，人也不知去向，这就是唐家山垮塌的情景。据报道，唐家山垮塌后形成了巨大的堰塞湖，堰塞湖坝体最高处达 124 米，库容量超过 3 亿立方米，像一把利剑高悬在下游的绵阳市 120 万群众头上，有可能对居住在唐家山的吴红和乡亲们产生巨大的次生灾害，这是后话，当时的吴红并不知道这意味着什么。山体垮塌时，吴红拉着父亲拼命跑，就像在晃动不定的船上奔逃，到处是裂缝，一不留神就会掉到裂缝里。吴红镇定地观察了一下环境：两边全是沟，山体不断往下垮，只有顺着山梁往上爬，才能有生存的机会。于是，父女俩一边避开垮塌物往上爬，一边呼喊周围的人也向上爬，到半山腰时，已聚集有 20 多个逃难的乡亲。在这风雨交加的夜晚，大家互相鼓励，手牵手一起绕过巨石、爬过裂缝，最后走到了安置点。但是，当吴红赶到男人干活的建筑工地时，隧道洞口已填满了坍塌的石头；儿子上学的教室全部坍塌。她不甘心，跑遍了绵阳市所有医院，却怎么都没有找回疼她的男人和心爱的宝贝儿子。至今她的手机里还存着丈夫的电话号码，她幻想丈夫被救走，可能失去记忆，总有一天，丈夫能想起她，能拨电话给她。

她哽咽着告诉我们，她曾拥有村里人人羡慕的家庭。丈夫一年在外打工能挣两三万块钱；她在家里一个人种 8 亩地，养两个季度的蚕，还喂了 20 头猪和一匹马。2014 年，仅养猪一项，她就挣了差不多有 2 万元，全年收入是全村第一，一对儿女更是优秀，不仅懂事学习成绩还好。灾难，把这一切都毁了。说话间，12 岁的女儿一直依偎在她身边轻轻地拉着她的手。忽然，她停止了哭泣："我要好好地活下去。我父母在，公公在，女儿在，今后哪怕喝稀饭，也要让老人安心地活下去，让女儿完成学业。"

这个身体单薄的农家妇女，在地震时，像一只领头羊，带着大水村老老少少 20 多个村民，在塌陷裂缝的大山中，艰难跋涉 16 个小时，最终转移到安全地带；地震后，默默承受着失去丈夫和儿子的伤痛，担起了全家的重任。创业是吴红不得已的选择，在好心人的资助下，她读驾校、买车跑货运，发展到带领大家成立合作社。从村庄重新选址到家园重建，从普通村民到竞选村主任，从震后组合家庭再到黯然分开，这个坚韧女汉子的成长历程充满了辛酸与艰难。她常常说："活着好累！"但她从来没有逃避生活的苦难，顽强地承担起生活的重担。

（三）泥石流

杨青寿，是一个 5 岁的小男孩。他的爸爸和哥哥在"5·12"大地震中遇难了，他 9 月份刚上幼儿园，9 月 23 日登记为我们第一批助学的资助对象。

9 月 24 日凌晨整个北川开始持续下暴雨。早上，在安县的我感到很不安，连续给北川的同事、朋友打了几个电话，都没通，终于跟一位校长联系上了，他告诉我他的学校整个被水淹了，正要赶去教育局汇报情况。我一听，不由得担心我们资助的孩子的情况，马上动身前往任家坪。半道走到永安，因为前往北川的道路被水淹了，我只能绕道赶路。到了擂鼓镇，看到水泥厂那块已经是一片汪洋，我的心立马揪起来：人呢，都还安全吗？到了学校，我看到板房里面全都是泥浆，老师们正用铁锹往外铲水。那哥，我们的志愿者，一个 30 多岁的男人，冷得直哆嗦，衣服早已湿透，显得那么狼狈、憔悴，眼圈红红的。从他那里我知道了板房学校的孩子已被安全转移，但是，杨青寿与妈妈都遇难了，他们终于在天堂和爸爸、哥哥团圆了。

后来我才知道这场大雨造成的次生灾害破坏力有多大。北川县城附近多处山体产生滑坡和泥石流，上涨的湔江水淹没了曲山镇小学；泥石流顺势而下，将北川中学废墟遗址上靠近操场的两栋楼房一楼墙壁直接击穿，塑胶运动场变成纵横交错的沟壑，完全看不出原貌；三条沟的泥石流在靠近北川中学地震废墟遗址集结后，形成宽约 200 米的巨大泥石流群，裹挟着北川中学废墟和被埋尸骨奔腾而下，横扫北川入城口处的建筑群，一些七层楼被掩埋得仅剩楼顶；泥石流的能量直到北川县委礼堂附近方才衰竭……北川老县城地震废墟遗址 70% 的地方被泥沙淹没。"雨再持续地下，北川县城地震遗址可能就要消失了……"北川旅游局局长林川看着持续降雨的天空，显得心急如焚。"更可怕的是，唐家山堰塞湖携带大量泥沙的洪水，已经把湔江河床抬高了几米，水位距离新县城坝堤不到一米，雨再下，水位再涨漫过堤坝的话，新县城地震遗址将被摧毁……"

这是我第一次见识次生灾害的威力，对灾害因而有了更深刻的了解，同时在反思我们的助学如何避免简单粗暴的做法，以免对遭受灾害蹂躏的人造成伤害。

三　生命线

在"9·24"泥石流灾害之后，我们认识了"中国志愿者联合会"的人，开始一道向北川县各学校发放爱心人士捐助的物资。这样，我们有机会穿越通往灾区各地崎岖、险峻、随时可能发生各种危险的道路，经历了夜间的惊心动魄和提心吊胆，体会到道路作为灾区生命线的意义。整个2008年秋季和冬季，我们载着爱心人士的"爱心"奔波在擂禹路、都汶路、堰塞湖环湖路以及都坝白坭雀儿岭路一带，也记录着"中国心"的成长历史。在"爱心"的陪伴下，能够一次次安然无恙地归来，这或许是上天给我们的恩赐！

（一）擂禹路

2008年"5·12"地震发生后，北川羌族自治县成为在这次地震中受到影响最大的地区。地震过后，不仅进入北川关内的道路因山体滑坡被完全堵死，而且，唐家山堰塞湖的形成还将关内13个乡镇之间的道路阻断。

擂禹路起于擂鼓镇柳林村，经禹森茶厂、苏保小学、反背坪、林观庙、老林口，止于禹里大桥，全长约63公里。地震后，这条路塌方总量约1800万立方米，出现堰塞湖7处，桥梁涵洞毁坏40余座。擂鼓镇至老林口的19公里路段损坏最严重，90%以上的路基损毁，仅滑坡就百余处，塌方量在1600万立方米以上，7座桥梁受损严重，7个堰塞湖都在这段路上，其中位于元新村的堰塞湖最大，储水量约108万立方米，滴水岩堰塞湖前后600米处的道路最险；老林口至范家山一段路，长约15公里，其中8公里无法恢复只能改道通行；范家山至鸡窝坪一段路，长约20公里，需翻越海拔2180米的冒火山，处于原始森林之中，全路必须新修；其余为简易林区道路，共 16 公里，也遭受不同程度损坏。想让这段路恢复通车，难度可想而知。

这段路关系到北川县关内 13 个乡镇 8 万人的生活、生产和恢复重建。为此，从 10 月 7 日起，解放军某工程团的官兵奋战一个月，终于在 11 月 7 日实现"擂禹路"通车。

但是这条用金钱和生命垒砌的生命通道，人们对它的态度很复杂。因为这条路坡陡弯急，只有四驱越野车勉强能上路，运输车辆根本无法通行，到了冬天，由于海拔高路面起冰凌导致车轮打滑……绝大部车辆仍然绕道 400 多公里的都汶路，这样，路途延长、油费高昂，导致生活必需品价格上涨，建材在北川关内的价格已经是震前的两倍！即便是人员从擂禹路进出，车费也很昂贵，每人 80 ~ 100 元不等，甚至还有 150 元的。北川 13 个乡镇民众无奈地要靠"运价"高于"物价"的物资艰难地生活。

2008 年 12 月，我第一次走这条路为山里运输冬衣，印象最深的是山陡弯急。如果遇到货车发生故障停在路上或翻车，路就会被堵死。在寒冷的冬天，如果遇到堵车，非得烧堆火取暖不可，否则人就会被冻死。我们进去的时候就遇到堵车，堵了两个多小时，返程又遇到堵车，还发生了余震，山上的巨石穿越树林翻滚下来，50 余辆车上的人赶紧下车逃命，好在滚下来的石头被无数压断的树木挡住，才没有发生意外。每一次听说要走这条道路我们都心生恐惧，尤其到了冬天更危险。

（二）都汶路

都汶路，始于成都，途经都江堰、映秀，最后到达汶川。走这条路到禹里（安县 – 成都 – 都江堰 – 汶川 – 茂县 – 禹里），来回 700 多公里，一般需要 40 多个小时。由于地震把山体表层震松了，很容易发生山体垮塌。沿线有政府安排的检测人员查看山体是否有松动，是否有石块坠落，一旦发现异常，工作人员就立即挥舞手中的警示旗帜预警过往的车辆。但这样完全凭肉眼观测来预警，还是让人心有余悸。

2008 年 12 月 24 日，我们在浙江褚小姐的帮助下，筹集到 950 件棉大衣，其中有 900 件是全新的军大衣，准备给禹里乡 60 岁以上的老人每人分发一件。我们兵分两路：一路走擂禹路，目的是考察道路情况；另一路走都汶路，押送物资。"中国心"刘队、司机师傅和我负责押送物资。我们从早上8点出发，到第二天下午将近4点才走到土门。在从墩上到禹里的路上，一块大石头从山上滚下来，就砸在我们车头前面的5米处，如果我们的车子稍微走得快一点，后果不堪设想。

到了禹里，没想到我们的物资是被老百姓"抢"完的，民众十分需要御寒的衣服和被褥等，看来我们还要多链接一些物资过来。

这段道路，我走过两次，虽然每次都平安到达目的地，但还是感到胆战心惊，因为山体垮塌造成堵车是经常的事。有一次，我问司机师傅："如果恰巧堵车了，恰巧山体垮塌掉下石头来我们怎么办？"师傅说："听老天爷的，凭运气！"是啊，我们不时听到或看到有关这条道路因落石造成车毁人亡的事件报道，能平安回家已经是万幸了。

（三）环湖路

环湖路，实际上是穿越老县城的302省道。到了1月份隆冬时节，因为结冰擂禹路不能通行，通往山里的道路就只有这条环绕堰塞湖的环湖路。这条路的主要特点就是环绕堰塞湖，最危险的地方垂直距离湖底有100米左右，路况很差，而且非常狭窄，许多地方仅能容纳一辆汽车通行，有些地方完全没法避让，一旦堵车就非常悲惨，因此，交管部门对通车的数量、属地和时间等限制比较严格。每天只在上午7点至下午5点半，对当地车辆开放通行。在北川老县城环湖路入口处，交警和运政还设立了检查点，严格检查过往车辆，凡是不符合条件的车辆一律劝返。由于运力有限，车费很贵，许多从山里出来读书的孩子为了节省成本选择两个月或放寒暑假才回家。

这段路曾经多次出现车祸，要走这段路还真考验人。1月24日我们往禹里运过一次物资，全程大概50公里，上午10点从安县出发，本来两个半小时就可以到达，没想到一辆运建材的车翻了，由于道路狭窄，等待吊车铲车清除路障就花费了4个小时，等快到禹里的时候，又发生余震，山上不断有石头掉下来，司机刘师傅只能加大油门冲过危险区。这已经是我们第二次遇到这样的危险，回想起来还真有点后怕。那天直到下午 5 点 10 分我们才到达目的地，看到急等着领取物资的老百姓，心里很难受，听到他们一句句"谢谢"，看到他们脸上朴实的笑容，我们一路上的惊恐与不安就全忘记了。

（四）雀儿岭路

这是通往漩坪乡唯一的陆路。漩坪乡有 6 个社区、19 个自然村、1 个街道，共 2500 多人。

2009 年 1 月 3 日，"中国心"来到这个被唐家山堰塞湖淹没的漩坪乡，发现了这个地震后的"孤岛"。漩坪乡的街道、学校及街上所有的房屋都被水淹没，政府统一安排漩坪乡街道上的百姓住在安昌镇的下河坝板房区。由于交通不便，百姓采买生活用品只能乘船到白坭和禹里赶集市，稍微晚一点儿就回不了家，只能在集市上住一晚。椿芽村的情况最糟糕，人少地广，还被堰塞湖隔离，外面的物资很少进得来。随着百姓返家灾后重建，漩坪乡与外界的沟通和人们出行就成了大问题。

在石龙 D 区，我们碰到一对小姐妹，触动很大。当时她们正在看书，见到我们，脸上流露出山区孩子特有的羞涩表情。她俩看的竟是一本大型地震画册《"5·12"北川》，这是北川地震最悲怆的影像记录，是家里大人拿来珍藏纪念的，却成为五六岁孩子的读物。那血腥的画面，对她们幼稚的心灵来说，难道不是一次次残酷的蹂躏吗！"你们冷吗？还需要什么吗？"一位志愿者热泪盈眶，抱起其中一个女孩问，"叔叔，冷，很冷……但我和姐姐好想要娃娃书，我想要玩具……"5 岁的妹妹红着小脸蛋回答。是啊，马上就要过农历新年了，这里的灾民缺少御寒的冬衣，孩子们需要有益的读物和过年的玩具……

腾讯名博勒克儿通过 QQ 空间将漩坪乡的情况传递给外界，全国网友传递出一份份爱心，一批批救灾物资跨越万里寄达绵阳，却因为道路艰难而无法送达灾区百姓的手中。"中国心"作为草根 NGO 决心扮演爱心传递最后一棒的角色。我们原计划是乘船把物资运到漩坪乡的几个地方，因为当地百姓告诉我们可以走都坝—白坭—雀儿岭路，全程只有 20 公里，于是我们走了一趟这条路。其实，这条路就是一条简易的山路，路况不好，非常危险，经常堵车，我们走的那一次，可谓费尽周折、历尽艰险。

2009 年 1 月 5 日，我们参与了由北川团委、《新潮生活周刊》、大成网、北川草根 NGO 、华西车盟共同发起的"给北川儿童一个玩具"的活动，收到来自世界各地爱心人士送给孩子的 2 万多份新年礼物。2009 年 1 月下旬，我们再次兵分四路奔波在擂禹、都汶、环湖和雀儿岭路上，向北川关内外所有学校运输新年礼物，其间既有冬天堰塞湖上乘坐快艇的刺激感，也有遭遇巨石滚落的恐惧感。生命就是这样，我们从一个地方到另一个地方，用行动证明自己的价值，做一些有利于社会的事情，或许，这就是这个时代对我们的期许。我们虽然不能改变什么，但我们能影响自己，能影响那些有爱的人，让爱的力量凝聚，不仅仅为这个冬天，还有更为寒冷而漫长的助学路。

四　必须经受的压力成长

2008 年的冬天比往年都要冷，尽管灾民有帐篷可住，可是帐篷内外的温度几乎没有什么差别，川北寒冷刺骨，特别是到了夜晚，人被冻得无法入睡，青壮年尚且扛不住这样的寒冬，更别说老人了。震后灾区的百姓如何过冬，成为全社会关注的问题。

那么，是不是所有的灾民都住进板房了呢？

2009 年 1 月 4 日，我和"中国心"的两位同事还有四川电视台的两位记者正在北川关内漩坪发放物资。快到春节了，天真是太冷了，我们几个人正在"打火锅"吃饭，这个时候我接到了记者勒克儿的电话。

勒克儿曾以通过博客报道北川关内灾民的实际情况而闻名。在成都打工的苟晓艳因此知道了勒克儿，2009 年 1 月 5 日下午，苟晓艳通过 QQ 约勒克儿在一家茶楼见面。她告诉勒克儿她来自北川关内开坪乡小园村，那里的情况比勒克儿博客里反映的情况还要严峻，不仅还有人住在帐篷里，甚至电都没有，仍然用煤油灯。苟晓艳显然备足了功课，拨通了开坪乡的赵书记、小园村周书记、小园村陈姓村民的电话，以证实她反映情况的真实性。

"高队，在哪里？有个事，需要你们去核实下……"听了勒克儿的电话，我们立马租车前往开坪乡。

开坪乡是北川关内的一个乡，总的来说，地震造成关内几个乡被水淹没，虽然其他的灾害不算特别严重，但交通特别困难，只能走擂禹路，需要翻过 7 座大山才能进出，除了部队官兵和我们这些志愿者外，一般当地人很少进出关内和关外。车子沿着崎岖泥泞的山路行走，经过一个半小时的颠簸，我们到了开坪乡刘家村 2 组，半路上还遇到该村村主任。我们进入一顶单薄帐篷内，昏暗的煤油灯照着一对老年夫妇，老爷爷姓段，71 岁，老婆婆姓杨，66 岁。杨婆婆只有一条腿，是个残疾人，老两口育有一子两女，儿子在山西煤矿挖煤，因煤矿事故死亡，俩女儿远嫁他乡，老两口相依为命。杨婆婆平日里靠一只板凳当腿，与段爷爷一起种地维持基本生活。杨婆婆躺在床上，段爷爷坐在床边，看见我们来，段爷爷赶忙点亮了煤油、柴油混合起来的自制油灯。段爷爷仅穿着几件单薄的老式布衣，一个 71 岁的老人，就靠这几件单衣来抵御寒冬，冻得瑟瑟发抖。这场景让我们忍不住鼻子发酸，当即，我脱下了自己身上的军大衣，披在了老爷爷的身上。

刘家村村长 30 多岁，1.65 米的个子，国字脸，有些黝黑，一看就是被太阳晒多了，他是震前几个月新当选的村长，上任后就想着手解决高压电进户的事情，本来在地震前，已经计划好村里先自凑部分资金，再努力争取上级的支持。通过刘家村村长，我们了解了一些基本情况，这在开坪乡比较有代表性。刘家村全村 65 户人家，常住人口为 166 人，其中 60 岁以上的老人约为 70 人，青壮年大多外出打工，留守在村里的基本都是老人和孩子。直到 1998 年刘家村才修通公路，正常年份已经通水通电，但是高压电一直没通到村里，到了冬季枯水期就会停电，"5·12"后村里实际处于缺水停电的状况，手机信号也没有。通过政府大力救灾，村里每户均领到一床棉被，基本口粮也能维持到年后三四月份，但村里大约有 20 户人家仍住在帐篷里，而且普遍缺乏过冬的衣物。

当晚，我就把情况反映给了勒克儿，他又通过博客把开坪乡的情况传了出去，博文引起关注，仅点击量就达到 40 万次，还有海量的转载。一石激起千层浪，报道引起多方关注，甚至惊动了四川省委，责成当地政府成立工作小组搞清楚这件事情。而我们则开始面对各种预想到和没预想到的压力。苟晓艳，这个在成都打工的小姑娘接到当地相关部门的很多电话，致使全家人都很紧张，她不停地给我们打电话……刘家村村长也遇到很大的压力，好在他比较想得开："只要老百姓满意，当不当这个官也无所谓。"我也接到相关部门的电话，指责我们对事情的了解不够清楚。说实话，我当时害怕地方政府与志愿者团队之间产生误会，担心"中国心"能否继续在灾区服务下去，尤其担心我们募集的御寒物资能否送达灾民的手中……我第一次感到胸中的怒火要喷发出来，第一次感到"中国心"要走的道路异常艰难。

2009 年 1 月 12 日我们与 4 位媒体朋友一起到了山里，已经是晚上 8 点，马上和当地相关部门对话，最后解决了问题。过后，我们毫无睡意，在寒夜饮酒畅谈，村长端着酒杯有些激动地说："高队，我们这里通电了，我想给你敬三杯酒。"我也很激动，在酒精的作用下，我的头晕乎乎的，但人很兴奋，能让老百姓说真话，能听到老百姓的心里话，能解决老百姓最迫切的生活问题，真不容易啊！当时我为我们这些草根团体能够为老百姓做点实事而感到骄傲。

这次经历，让我重新认识了民间团体的作用，思考一个民间组织应该如何定位，在一个利益多元化的社会，如何协调好各方面的关系，做自己想做而做得好的事情。我想得最多的是在中国现有的体制下，社会组织做事情如何既让老百姓满意，又能够协调好与地方政府的关系……对于这些课题的理论与实务探讨，不仅对"中国心"，而且对中国公益慈善组织和社工机构的发展都具有深远的历史及现实意义。

这就是我——高队的 2008，既有刻骨铭心的故事，又有反思与成长，这些经历和思考就是"中国心"的前世和今生。

生命自此而厚重

殷刘倩

在很长一段时间里，我像是将自己关进死牢，罪名是轻佻、冷漠、慵懒、不懂爱、不敢恨、拿不起也放不下。2008年的那段经历，让我释放了所背负的种种"罪过"。倘若没有当年的蜕变，怎么也不可能想象今天的我仍然践行在"公"与"义"的路上；倘若没有后来的热血经历，又如何能成就我的如今乃至于今后的生命？

一 我的家

二叔讨媳妇那年，父母带着哥哥姐姐和还在娘胎里的我搬到了我们现在的家——那时还是一间茅草屋。为了维持一家六口人的生计，父母在茅草屋前摆了一个水果摊。在父母辛劳操持下，生活渐渐出现了转机，茅草屋变成了三间瓦房，后来又多了一排做生意的平房（我记事时三间瓦房还在），那是父母为了做生意一间间修起来的。在我记忆中，为了不耽误卖一瓶水、一包烟，我们和父母都是轮流吃饭，除了春节的那两天。虽是如此，父母对我们兄妹的管教和爱护都不曾少过，从小就教育我们兄妹做事要"利己"，但绝不能"损人"。父母毕生都在努力为我们兄妹创造优越的生活条件，让我们能够过上踏实、本分而富足的生活，他们做到了。可正是这种富足的生活，让我们兄妹滋生出了太多不切实际的想法，特别是我——肩负着父母"培养一个大学生"的理想，在16岁那年我辍学了。

当我告诉家人不想继续读书的时候，父亲只是默默地转过身。没有多久父亲便为我选择了一条大哥走过的路——应征入伍，希望退役后我能找一个稳定的工作。

父亲对我的隐忍也许来源于他所经历的苦难。一直以来，父亲都不愿意提及或追溯过去的事情。小时候，我总会在父亲酒后听到一些零碎的往事，但酒醒之后他又会陷入沉默。后来从母亲的只言片语中得知，我的爷爷奶奶在父亲十几岁时便双双离世，留下了六个子女，父亲是老二，也是家中长子。在那个靠啃树皮、挖草根、喝盐水的年代，父亲拉扯着四个弟妹一路走来（大姑姑很早就嫁到外村，基本不过问娘家的事情，直到今天父亲对此依然心存芥蒂），其艰辛程度无法言表。母亲的家境起初较好，是地主，即便在解放战争时期上缴了土地，家中还是有些积蓄。那时的外公作为一介书生，很儒雅，每日看书遛鸟。但后来外婆病了，外公为了给她治病四处求医，散尽家财后依然没有留住外婆。母亲作为老大就只能扛起这个家，小学尚未毕业便跟着参加集体劳动挣工分，还要照顾弟妹三人。我对外公的记忆是他临终到我们家来养病，那时的他已经是风烛残年了。没过多久外公便驾鹤西去，在他的葬礼上，我却叼着大烟斗穿来穿去地玩耍。

后来为了能让二叔有房子讨媳妇，我们家便从村里的老房子里搬出来，到村外的马路边上盖了一间茅草屋住下来，也是从那时起家里就开始经营起了小生意，一干就是 20 年。

二　军营历练

辍学后我选择了应征入伍。在临别的站台，父母追着缓缓启动的列车不停喊着："别想家，好好表现，记得经常和家里联系……"而我只能压低帽檐，不敢回头看父母一眼。这一刻，我方才体会到家对我意味着什么，也是从这一刻起我开始走向独立的人生。

在一群年轻人聚集在一起，举起右手紧握拳头宣誓加入中国人民解放军的那一刻，我深深体会到了军人的神圣。也正是两年军旅生活的历练让我具有了"汉子"的气质。

在新兵连第一次体能训练跑完步回到寝室又做了两百个俯卧撑和五百个蹲起之后，我从床头爬到水池边上，一口气把整个水龙头吞进嘴里喝了饱饱的一肚子水，刚一松口就把水全吐了出来。几个战友互相搀扶着去厕所，尿血的症状持续了很久，班长会告诉你这是正常现象，他们也都是这么过来的。

新兵下连我分配到了警卫连，每天站岗、训练、外出劳动。每晚最多能睡 6 个小时，还要分成两次。这边放下枪，那边就拿起铁锹。有一次在下岗回连的路上，我和同岗的战友起了口角，于是两人跑到路边的小树林里大打出手，在鼻青脸肿鼻孔冒血之后两人找个水池清理干净若无其事地回到连队。回去班长问："分出胜负没有？"两人点点头；问："还要不要接着打，给你们腾地方？"两人摇摇头。然后太阳底下我们站了一下午的军姿。

站岗我们已经炉火纯青到可以扶着刺刀说梦话，若因极度疲惫倒地，便会急速观察一下周围的环境和背后的监控有无异常，然后匍匐前进"逃"出监控区，拍拍军装上的尘土，大摇大摆地重新回到岗台。

一起下岗的两个人经常一起吃一袋面，撕开一个口倒上热水来泡，面吃完了就端起袋子把面汤往嘴里灌。冬天的时候，我们下了岗脱鞋都要花上半个小时，把冻在一起的脚、袜子、鞋垫和鞋底一层层地剥开。南方来的战友满手满脚都是冻疮，训练和拿锹的时候，一用力攥拳就裂开一道口子。

开春的时候大院里要改建人工湖，那段时间，我们下了岗就直奔湖边。挖掘机挖出大体的造型，剩下的全是我们一锹一锹地铲出来。表面的一层最好挖，再往下冰冻的土层还没化开，我们就用镐刨出一块一块的土冰块，剩下的人就用手一块一块地搬出去。土铲完了，连长从外边带来了高度的烈酒，我们一人一口喝完下到水里捞垃圾，就着浮冰一把一把往岸上捞。晚上下大雨，部队生产队的菜园子要遭水灾，全连的人连夜出动，一拨人灌沙袋扛沙袋，一拨人挖沟引水。下大雪的时候是最爽的，一个班的人全在屋里待着看电视。班长提醒时间，每隔 15 分钟出去一次，把马路上的积雪扫一遍，堆在路牙子上修出形状，要有棱有角，整齐划一。

　　临退伍的那几天像我一样即将退伍的老兵们吃完饭都会回到班里三五成群唠唠闲嗑，聊聊回家之后的打算，等着踏上返乡的火车。那是我们整个军旅生涯最自在的几天，不用参加操练也不用担心整顿挨批。最早离开的应该是江西的一批老兵，大概是因为路程最远。集合的哨子一吹，连长在门口吼了一嗓子，招呼老兵们下来列队。宿舍里原本轻松说笑的人们稍稍沉默了一下，大家放下扑克互道珍重。

　　山东老兵走的那天，我是一大早就把行李收拾好的。指导员与我们道别的时候感觉他从来就没有像今天这么啰唆过，亲手帮每一个老兵戴上了一朵跟两年前离家参军时候一样的大红花。走出连队时，留下的战友们在门口站成两排把我们夹在中间。随着一声"敬礼"，他们齐刷刷地抬起右手望向我们这些老兵。我像触电一样心中一颤，才意识到和这些人一起摸爬滚打扛枪站岗的日子永远不会再有了。一路上我再也没有勇气抬起头看一眼身后，这是部队最后给我留下的烙印，怀念、无限的怀念。

　　也正是这深埋于心的印记和情怀，带着我走进2008，直至此时此刻。

三　初到灾区

　　地震前，我在广东一家五金厂工作，白天混迹于老板、同事和客户之间，下班后就换了一身行头出入于灯红酒绿之下。那时的生活是多么狭隘和丑陋。

　　地震发生后的几天像是有一根绳索，在一点一点地把我从丑陋狭隘的深井底往上拉，是飘升的灵魂和陨落的生命付出的代价不停拖拽着我。每一次拖拽都带来一阵窝心的疼痛，像一只手在用力地揉搓着心脏，难忍到想要用一根锥子戳穿自己的心脏，让心脏里的血液喷涌出来，仿佛只有这样才会更舒服一点。

　　5月18号的下午，我从公司例会的会场中摔门而出，回到宿舍带上我所能带的家当，义无反顾地冲向灾区。那时候广州火车站已经专门开设了几个专供进川的售票窗口。售票窗口前大多数是四川老乡，有的穿着非常朴素，随身背着一个简单的包裹；也有的着装整齐西装革履；还有的拖着一个厚重的编织袋或扛着一个大大的口袋，他们脸上都挂满了焦虑和担忧。还没有买到票的人焦躁地望着售票窗口，买到票的人则神情凝重地走出售票厅，看看天，再看看手里的车票……我硬着头皮挤到了售票窗口，"砰"一下，把退伍证摔在了售票员面前："给我一张最快到成都的车票。"售票员很淡定，冷冷地看了我一眼，望着旁边的窗口说："军人窗口去另外一边，下一个！"我没与她争辩就去了军人窗口，用同样的动作买了一张 19 号到绵阳的车票。

在火车上，我接到了家里打来的电话，家人是从姐姐那里得知我入川消息的。父亲对于我的决定还算开明，只是交代一句："注意安全，没事早点回来！"母亲则用不断的叮嘱表达着对我的行为的不理解和对我的安全的担忧。开弓没有回头箭，不管前路有多少曲折和坎坷，都要走下去——这是部队赋予我的气质和品格。上了火车我体会到众志成城的抗震救灾精神：舒缓的音乐试图缓解人们返乡救灾的焦虑情绪；插播的灾情信息让人们能第一时间了解家乡的灾情；列车员主动为大家添茶倒水；在列车上我碰到了一家人，老两口是汶川人，接到消息说房子都垮完了，他们背上两个编织袋就开始往回赶，列车长听说情况后，为他们专门组织了募捐活动。

也是在火车上，我结识了另外几位来自广州的志愿者，他们是通过网络组织在一起的，有公司白领，也有在读的女大学生。他们讨论着到了灾区应该做什么，如何去做以及注意事项，等等。而我听着他们的讨论，也自问："到灾区我能做什么？"最后我打定主意："到灾区就是去吃苦——像下地干活一样吃苦耐劳就好。"这就是我抵达灾区前的最朴素想法。

21 日，列车缓缓驶入绵阳火车站，焦虑、急迫、担忧的情绪弥漫在整个车厢，人们迫不及待地拥向车门。下了车，人们急速奔向火炬广场（是站前广场，也是志愿者和救灾物资的集散地）。整个广场被各个单位的摊位包围着，有移动基站、志愿者登记点、卫生医疗点、服务点……我激动地直奔广场志愿者登记点，那里已经围满了来自全国各地的志愿者。做完登记，我与其他志愿者一起焦躁地坐在一旁等待任务，一会儿跑来一个人，气喘吁吁地喊道："这到了两车矿泉水，需要人帮忙卸车！"一招手，便有十多个志愿者随他而去；一会儿路边又开来了一辆大车，一个人快速跑向登记点，与工作人员聊了几句后，看了一下旁边等候的志愿者们，说："走，去机场搬物资！"志愿者们沸腾起来，挥着手，边跑边喊："我去！""我去！""我也去！"初到灾区的我，就是随着这一股股充满激情的热流投身到抗震救灾中去的。

在到达绵阳的短短半天时间内，我目睹了人间大爱：物资捐赠点一直人头攒动，一位头发花白的大妈扶着老伴，从兜里掏出一沓塑料袋一层层地打开，从里面拿出一张张一元钱、两元钱、十元钱，还有鲜红的百元钞票，也没数清多少就交了过去；三四岁的孩子抱着自己的存钱罐跑到摊位前边，踮着脚把存钱罐递给摊位对面的阿姨，接着往后害羞地退了几步跑到妈妈的身后；一位日本母亲拖着好大的一个箱子，搀着像是患小儿麻痹的一个男孩站在广场中间，似乎很想找些事情做，最后无奈地看了看周围，带着男孩缓缓地走向捐赠点。

那天下午，我与十多个志愿者被调往绵阳的一家医院。站在军用解放车的货箱中放眼望去，我感觉整个绵阳城都弥漫着不安。到了医院我才知道这种不安源自唐家山堰塞湖的泄洪，如果洪水控制不住，大半个绵阳城都可能被淹没。医院是泄洪前准备工作中最为重要的环节。整个下午我们都不停地把医院广场上、地下室和低楼层的伤员和医疗设备搬往高楼层。开始我很不理解——既然洪水要来了为什么不组织大家撤离？一个看似负责人的男人告诉我们："逃不了，也没地方逃，要是水真的下来了，就只能听天由命了。"此时的我第一次从内心体会到人在自然面前的渺小和无奈。夜幕降临时，我们的转移工作才完成。

到灾区的第一天大家都感觉非常辛苦，但脸上却没有一丝的疲惫。晚上，我们聊得最多的是如何被电视和网络上的新闻报道所触动，又恰巧经历了哪些生活的"戏弄"和转变。其实正是这种机缘让我们走到了一起。最后，大家都觉得市区的搬运工作显然与内心迸发出的救灾激情不相吻合，因此决定明天去灾区看看。那天晚上，许多志愿者都是在广场、花坛石阶、马路边的草丛中或绿树下和衣而眠，而我背靠着一棵大树沉沉睡去。

第二天一早，大家草草用完早餐后，由我拦下了两辆老乡的车子直奔灾区。由于同行的大学生和其他人都很腼腆，拦车子的活儿是由我完成的，以至于后来这个活儿都是由我做，同行者善意地送了我一个"路虎"的外号，顾名思义，就是"拦路虎"。

四　北川·黄土

当时我们根本不知道自己能为灾区做什么，只是觉得应该去受灾最严重的地方。我们一路奔向绵阳的西北方向——北川，它是我们听说的受灾最严重的地方。一路上，满目停止工作的塔吊孤寂地矗立在看似"荒废许久"（其实是因地震而不得不停工）的工地上；三五步就能看到许多鼓舞人心的标语；为辨识身份，各种特种车辆也贴着"抗震救灾"、"支援四川"等车贴。整个场面虽不是战场，却胜似战场。

过了绵阳安县进入黄土时，我们一行人才真正感受到灾区的含义，路旁一栋栋倒塌或开裂的房屋从眼前闪过，即便有一栋还算完整的房子也摇摇欲坠。看到这些，我们没有人说话，望向车窗外，彼此偶尔会用眼神表达一下起伏不定的心境。我不知道如何形容这种心境，更多的是一种痛，一种莫名揪心的痛。

车辆驶入黄土，正如其名，漫天黄沙遮掩着满目疮痍的建筑物和千疮百孔的路面——山上滚落的巨石将路面砸出了一个个大小不一的坑洞。先行者们将能够移动的巨石移到路边，然后用钢板遮住坑洞，而无法移动的巨石依然躺在路上。我们的车子剧烈地颠簸着，驶向目前能够到达的擂鼓镇，这里距离北川还有几公里的路程。下车后，我们才得知这条道路是可以通往北川县城的，但为了控制可能出现的疫情，北川县城被全面戒严了——部队特警封锁了进入县城的各个路口，禁止无关人员进入。每天军用飞机向县城喷洒两次消毒液，然后由地面的防疫人员再洒石灰粉和消毒水，只有这样才能防止大灾后的疫情出现。

末日来袭，北川县城的人们根本来不及做出反应。最初大地剧烈地震颤，且强度越来越大，突然间震颤停止，一切陷入了死寂，而后更加剧烈的震颤再次迸发，建筑物上的泥砖瓦块纷纷坠落，砸向呆立的人群和停在路边的汽车；随后建筑物像不规则的多米诺骨牌一般重叠垮塌；此时的大地被拱起撕裂，并发出如同来自地狱的啸叫声，更像是一个无形的远古巨人，对着卑微弱小的人们吼叫，并愤怒地用双脚不停地踹踩着大地，整个县城几乎沉没了。

面对大自然的"愤怒"，人们无法挣扎，只有无尽的恐惧。在后来的十几天，我见过一个四川汉子，七尺男儿，面如灰土，跪地痛哭；我还见过一个母亲，手里捧着 16 岁女儿的照片，在倒塌的教学楼前看着挖掘机一把一把地清理废墟，见到人便蹒跚上前，望着你："有没有见过我的女儿……"这是一个根本无法回答的问题，你根本不忍说出令她绝望的答案。我望着她不敢作声，她看着我不肯离去，我不敢再直视，低下头哽咽地回了一句："对不起，我没见过……"

初到北川的那几天，我们一会儿到这走一圈，一会儿到那里发点东西。一个星期的时间过去了，广东伙伴该离开了。送走广东的伙伴，我又回到火炬广场，从包里拿出压在最下面的方便面（为了不给灾区添麻烦，这是在到北川前买的）。走到热水供应处，那里早已排起了长队，轮到我时已经没有热水了，正在犹豫时，我看到旁边一个志愿者用冷水泡面，一口一口吸溜地吃着，感觉那么香甜。我也如法炮制，就着凉水吃完了这碗香喷喷的泡面。

吃完面后，我在火炬广场徘徊着，思索着自己的去留问题。这时正好遇到刚下火车从东北来的老贾——一名退伍军人。听到地震的消息后，老贾从黑龙江扛着一箱矿泉水就奔向灾区。40 多个小时，如果渴了老贾就用矿泉水瓶装火车上的热水来喝，矿泉水瓶都被热水烫变形了。到了绵阳，老贾第一时间将这箱矿泉水捐给了灾区。老贾在灾区待了一个月，其间认识了一位昆明的姑娘，离开灾区后他直接去了昆明。后来我才听说，他与这位姑娘成了家，将自己的母亲也接到了昆明，现在已经是两个小孩的父亲了。

结识老贾又让我在灾区多逗留了一段时间。也是在那段时间，我和老贾偶遇了崔老师——一个虔诚的基督徒，50多岁，是祖籍江苏的台湾人。听崔老师讲，他的老家在徐州，后来随夫人到了台湾，此后就很少回家乡了。可以说，与崔老师的邂逅彻底改变了我的人生轨迹。

那时我与老贾在黄土安置点做"临时志愿者"，恰好崔老师带领的基督徒志愿者队伍也驻守在黄土安置点。当崔老师听说我和老贾是"流浪志愿者"后，便非常真诚地邀请我们加入这个"大家庭"，老贾和他未来的夫人就是在这里邂逅的。

在黄土安置点的最初几天，我们陷入了"水深火热"之中。安置点建在安昌河堤下临时铲平的一大块黄土地上。接近6月份，天气开始变得闷热，此时帐篷里的温度可高达四五十摄氏度；如果起风，帐篷外就是黄沙漫天；一旦赶上暴雨，帐篷外河流奔腾，帐篷内就变成了池塘，等雨过天晴，帐篷外就变成了沼泽，帐篷内就成了蒸笼。为了改善安置点的环境状况，我们从安置点外拉来石子铺在坑洼积水的地方，然后在帐篷外挖出排水沟，以便雨水能快速排出安置点。下一次雨，排水沟就会被冲垮，冲垮一次，我们再挖一次。天道酬勤，安置点的生活环境在我们不屈的努力下，终于得到了一些改善。

不久，北川县城和山里受灾的老百姓开始分批安置进来，有扛着大包小包的一家老小，也有地震时来不及带出任何东西的灾民。入住的灾民都能领到基本的床上用品、几天的干粮以及几瓶矿泉水，最初的几天无论老人还是小孩都只能靠它们充饥。因为没有炊具，连热水都喝不上。为了让灾民喝上热水，志愿者们到几处还没有垮塌的老乡家为灾民烧热水，然后用三轮车送往安置点。每到吃饭的时候，大家就会手捧泡面在三轮车前排起长队，而热水经常无法满足需要，因此志愿者在分发时非常小心，尽量让每个人都能喝到一勺热水，自己却依然吃着干粮。现在回想当时的场景，我无法忆起志愿者们的面部表情，记忆中只剩下流经面庞的汗水。

情况逐渐好转，政府的救灾物资和教会资源源源不断地调入安置点，同时大量的志愿者加入了我们的队伍。在各方努力下，安置点临时指挥部成立了，它成为安置点的"神经中枢"，大量的救灾物资和人员均得以合理地调配。灾民的生存状态慢慢好转：厨房建好后，大家都能吃上米饭和热菜了；帐篷外也搭上了防晒网，尽可能让帐篷内变得舒适一些；裸露黄土的地面也用碎石子统一铺就；原来整日独处的灾民也会三三两两地聚集在一起吃饭了；做心理辅导的志愿者开始走家串户做心理安抚；每天安置区的上空会传出帐篷学校的孩子嘹亮而坚毅的歌声，让安置区开始萌发出生机；夜晚，安置区内一改过去的死寂，开始有了家长里短的闲谈声，深夜偶尔也会出现孩子的哭闹声；受到志愿者的感染，安置点的灾民开始行动了——尽己所能帮助其他需要帮助的人，甚至有些灾民直接加入了志愿者的行列。虽然这些改变不会也不可能在短期驱散地震所带来的阴霾，但我看到了灾民的行动和改变，它预示着灾民的精神家园正在修复，同时也点燃了灾民憧憬未来生活的火种。

来自上海的民工艺术团在安置点组建了儿童演出团，我常带孩子去排练，还会同他们一道到周边的安置点慰问演出。孩子精彩的表演让我感动，我感谢那段美好的时光。直至今日，我时常会哼起那群特别的孩子带给我感动的歌曲：

摇篮曲（动力火车）

亲爱宝贝乖乖要入睡
我是你最温暖的安慰
爸爸轻轻守在你身边
你别怕黑夜

我的宝贝不要再流泪
你要学着努力不怕黑
未来你要自己去面对
生命中的夜

宝宝睡
好好地入睡

爸爸永远陪在你身边
喜悦和伤悲
不要害怕面对
勇敢我宝贝

亲爱宝贝乖乖要入睡
我是你最温暖的安慰
爸爸轻轻守在你身边
你别怕黑夜

我的宝贝不要再流泪
你要学着努力不怕黑
未来你要自己去面对
生命中的夜

宝宝睡
好好地入睡
爸爸永远陪在你身边
喜悦和伤悲
不要害怕面对
勇敢我宝贝

亲爱宝贝乖乖要入睡
我是你最温暖的安慰
爸爸轻轻守在你身边
你别怕黑夜
守护每一夜

五　进山送药

6月初，我在黄土安置点结识了11名和我一样参与地震志愿服务的"战友们"。之所以称为战友，不仅是因为我们同是退伍军人，还因为我们确实曾一起在灾区并肩战斗过——后来我们称自己是"敢死队"。

那段在灾区并肩战斗的经历让我永生难忘。记得是8号，我们12人（还有两名医生）聚集到擂鼓山脚下的一座帐篷里，指挥部希望我们将一批医疗物资送到禹里乡（当地人叫治城），因通往那里的道路还没有抢通。我们毫不犹豫地接受了任务——"敢死队"成立了。队长是山东人，由于救灾的缘故感觉他灰头土脸的，下巴还有几根稀疏的胡子，特别爱笑，笑起来感觉十分憨厚。他是一名老兵，却总以大夫自居，后来我们才知道退伍后他自学了兽医，主要给村里的猪狗看病，我们都管他叫"老狗"。

出发前一天晚上，我们各自整理着行装，两个穿着整齐干净的迷彩服的小伙子走进我们的帐篷，手里拿着纸和笔，说："听说你们要走的这条路非常危险，而且最近余震不断，各位一定要注意安全！我们非常钦佩你们的勇气，不过为了以防万一大家还是留下各自家人的联系方式，再写点什么想说给他们的话。"帐篷里一下寂静下来，气氛也变得有些凝重。过了一会儿，四川老兵说："没有必要，又没得啥子事情。"队长接过话说："没事就写呗，反正写了也没人看。"我们各自拿起纸笔回到自己的帐篷，而我在纸上只留下了家中的电话和父亲的名字。我特别想知道其他队友写了什么，但时至今日也没有人再提及这件事情。

其实，对此次任务的危险性我们还是有预知的。为了防止意外出现，保证医疗物资顺利运抵灾区，我们将物资分为12个背包，每人背一个。第二天早上7点钟，我们准时从擂鼓镇山脚下出发，侦察兵出身的"猴子"（河北人，很瘦，看起来很结实、干练），带着同为侦察兵的××、一位医生和一名山西老兵为第一队，走在最前面；"老狗"和另外三人为第二队，走在中间；我和另外一位医生还有两个安徽老兵作为第三队走在最后。背对着朝霞，一行12人一头扎进了深山老林里。

最开始的行程是轻松愉快的，我们一会高歌合唱，一会对天长吼，仅用了 3 个小时就登上了行程中最高、最难攀登的擂鼓山。站在山顶，眺望巴蜀山河，即便刚刚经历强烈地震的摧残，松柏依旧傲立山头；飘荡山间的云雾，若隐若现；因地震而破碎的峭壁，依然巍峨壮丽。

在山顶我们意外地碰到了一个老乡，他告诉我们今天走的这条路原本是没有的，是第一批进到治城的部队拿着镰刀边砍边踩踏出来的，听说还是一个将军带的队伍。说罢，老乡便竖起了大拇指。看到老乡钦佩的神情，我们作为接受过部队洗礼的退伍军人，一股自豪感由心底升起。

边走边聊，我知道了同行的医生是武汉人，两个安徽老兵是"发小"，个头大些的叫××（半年前才结婚），个子小点的叫××，退伍后，他们回到家乡各自经营着小生意。他们叫我"蚂蚱"，那是因为我觉得做最后一梯队不过瘾，当对讲机里传来"猴子"的安全提示时，我超级羡慕他。因此，我时常会跑到队伍的最前方，遇到沟沟坎坎时，我会用对讲机装模作样地提醒后面的队伍。我一会儿在队伍前面，一会儿在队伍后面，就像"蚂蚱"一样跳来跳去。我终于有了救灾以来的第二个外号"蚂蚱"。

从擂鼓山顶往下走的路上，我们碰到了很多老乡，他们并不是去安置点，而是与我们的方向一致，有独自前行的，也有拖家带口的；有背着厚重行李的，也有背着硕大的家电的；还有牵着牲口背着孩子的。他们的衣服被汗水浸透了，满脸疲惫。我不能理解，为什么他们会不顾危险也要返回自己的家呢？几年后我老家的房子拆迁，我才能体会到那种情感，那是一种对家的依赖，天灾人祸都无法阻断。那么，对老乡而言，家是什么呢？也许是几间从出生到现在一直生活其间的房子，房内一张高高的木桌，几把陈旧的椅子，墙边的沙发用的确良布料套着，春节贴在墙上的"吉星高照"和"五福临门"春联被厚厚的灰尘所覆盖，两盘中午剩下的饭菜摆在饭桌上用罩子罩着，电视机屏幕上出现了"雪花"……对老乡而言，房子没了，家也就散了！

一路前行，每隔一段山路我们就能碰到自救的住户，每家的外墙上都有用锅灰或油漆写的标语："此处有开水"、"此处有饭吃"、"感谢人民子弟兵"等。我们给沿途的住户分发了一些常用的药品，以备不时之需。每到一家，他们都会将我们随身的水瓶装满热水，还要硬塞给我们几枚自家的土鸡蛋（我们没有要，因为鸡蛋对他们来说颇为珍贵），并告诉我们到下一户还需多长时间。就这样，我们翻过一座座山，一路走走停停地发送药品，远远超过了我们原计划到达的时间。因体力消耗巨大，午饭后身上携带的干粮吃光了，安徽老兵将自己身上多带的口粮分给大家充饥；东北哥们在沿途寻找可以食用的植物——几根葱、一些桑葚、一个倭瓜。就着溪水充饥后，我们继续赶路。下午，我们遇到了几次并不算厉害的余震，山上滚落的石头从我和安徽老兵间滑过，我俩贴着山体紧紧盯着对方，无能为力，只感觉到冷汗浸湿了衬衣，紧贴着后背，背心拔凉。路上他告诉我，他觉得巨石飞落的那一刻自己特"畜生"——那一刻并没想起自己的父母，脑海里第一个画面竟然是老婆。因为这事他自责了很久。虽然当时我没有什么感觉，但在他的提示下，我不禁追问自己，在生死的关键时刻，我第一个会想到谁？走向山的深处，天色渐黑，偶尔也会在山间看到点点灯火，路上只有我们一行人。

原本傍晚可以抵达目的地治城，我们用了整整 18 个小时终于在凌晨 1 点抵达，那里一片漆黑，什么都看不清，我们只知道进了一片帐篷安置区。疲惫不堪的我们，随处找了个地方就沉沉睡去了。

第二天清晨，我们被轰隆隆的飞机声吵醒。一架运输机空投了几箱东西，安置区开始沸腾。东西缓缓坠地后，男人们便冲了过去。一个小时后，他们抬着东西走进安置区，女人们欢呼雀跃地迎接着他们归来。确实，安置点内的灾民对箱子里的东西充满了期待。

把剩下的医疗物资送到安置点卫生室后，任务终于完成了，大家感觉到既兴奋又轻松，甚至有一种荣誉感爆棚的感觉。不过这种状态没有持续多久，因为来的时候消耗了太多的体能，大多数人不愿意原路返回。老乡告诉我们山上有停机坪，每天都会有直升机接山里人出去。于是，我们兴冲冲地跑往停机坪。到了山上，便看到了被堰塞湖淹没的治城，湖面上仅仅露出几栋较高建筑物的屋顶。治城又叫禹里，传说这是大禹治水来的第一个地方。恰巧，当天也是堰塞湖泄洪的日子，我们目睹了全过程。禹城的老百姓都集中在山腰。湖面上漂浮着许多家具、家电和家畜尸体，有眼尖的老乡第一眼就认出了它们是谁家的东西。水势退得很快，治城较高的建筑物一层一层地从水里冒出来。等堰塞湖的水完全退去后，我们才依稀看出了治城的全貌。最先冒出的那栋建筑物是整个乡镇最高的建筑物，它的旁边有一条窄窄的巷子，巷子两边有很多的房子，这里应该是乡镇的中心。从水下"重生"的治城，看起来并不壮观，满街满城都是淤泥，像沼泽一般。我身边的老百姓低声地攀谈着："盼星星盼月亮地把房子从水里盼了出来，却更像是被大水冲走了最后一根稻草，家像彻底失去了一样。"许多老乡盘算着，什么时候去清理淤泥、什么东西被水泡了还可以用、水还会不会涨……

我们一行人心里五味杂陈，来到了停机坪——那是地震后没几天第一批进来的部队在八一山上相对空旷的位置，用铁锹一锹一锹平整出来的。到了中午，直升机还没有来，我们看到旁边有一户人家的帐篷，几十个小伙子正坐在帐篷边聊天纳凉，便走了过去，热心的老乡舀了一大碗水递给我们。喝完水后，我们便与老乡攀谈起来，他们原本是在禹里街上开饭馆的，等水退去后想继续在治城开饭馆。该吃中午饭了，老乡熬了一锅稀饭，基本上全是米，对来自北方的我来说稀饭就应该是很稀很稀的饭，在汤里有几颗米就行了。老乡看出我们已经饥肠辘辘了，便从帐篷里拿出了全部的容器，包括碗、缸子、方便面的盒子（看得出碗和缸子是从家里带出来的），分发给我们。除了"老狗"和"猴子"（他们不好意思吃老乡的东西，拿出包里的压缩饼干就着凉水吃了），其他人分得了大半勺稀饭，老乡还拿出了少许榨菜和泡菜来佐餐。

山上等飞机的老乡越来越多，大部分是老年人和妇孺，时不时也会有一些情况比较紧急，比如病重的被搀扶着走上来的人。那天下午我们当中除了一个青岛小哥硬着头皮挤上了一架直升机，我们都没好意思去争座位。到了晚上，旁边驻扎的部队收留了我们，让给我们一顶帐篷休息。睡觉的时候大家都心知肚明自己成了灾民。睡觉前"老狗"告诉我们，明天无论如何我们都要出去，不能再待下去了！

第二天安徽人和老贾他们几个决定原路返回，那时候我已经有点怂了，决定和"老狗"还有医生几个人去搭送物资的车绕路返回绵阳。原本一个半小时的车程，地震后，运送物资车辆需走 3 天，绕行大半个四川才能到达灾区。在路上，我被疯狗咬伤，因地震沿路医院大面积停电无法存放和注射疫苗，最后，热情的老乡冒着大雨滑坡的危险将我们送到车开不动的地方，然后一行人在老乡的带领下连走带跑，终于在 24 小时之内赶到了茂县医院给我注射了第一针狂犬疫苗。这是我第一次面对生死，也是第一次从内心感悟了"助人者自助"的真正内涵，我从内心的最深处感谢帮助过我的人，感谢在危难时依然与我同行的人。

13 日半夜我们一行人又被大雨和泥石流堵在从平武到江油的路上，路的左边是山，右边是河，每个人的心都提到了嗓子眼，不知能否平安度过这下着瓢泼大雨的夜晚。终于平安到达绵阳，我泪流满面，心中不免有一丝庆幸的感觉，但更多的是感恩之情。

灾区人来人往，当我再回到黄土安置点的时候，许多熟悉的面孔已经不见了，而崔老师他们还在，并做好了长期战斗的准备。

六　我和我的治城

到了 6 月底，黄土安置点路边的老乡被转移到其他地方，能够在家搭建帐篷的老乡回家就地安置，实在没有条件的老乡就安置在修建的板房中。整个安置点的老乡和志愿者的内心都充满了对未来生活的忧虑，离别的伤感刺激着每个人脆弱的神经。梁大哥一趟一趟地往山里老家跑，先是把领到的被褥打包背回家，再来把发的米油扛进山，最后一趟才将 12 岁的儿子梁辉和 8 岁的梁晨带走；宋大哥因为带着老父母还有刚满周岁的闺女，就咬咬牙把积蓄都拿出来到安县县城租了个房子；外地有亲戚的老乡要么把孩子送到亲戚家寄养，要么全家投奔亲戚；实在没有办法的老乡就只能回到村里，住在预留的帐篷中，对未来的不确定和睹物思人的悲痛让许多老乡感到了深深的不安。只有孩子听说回家时，会有些雀跃。

放不下对灾民的担忧，崔老师带着我们与老乡一道返乡进到山里。我们送药走过的山路开始热闹起来，行走在这条山路上的老乡越来越多。我和崔老师一行人是先于救灾物资到达治城的。我们找了一块还算开阔的地方安营扎寨，但由于物资匮乏，在物资车到达的前几天我们是依靠灾民老谭的赈灾米撑过来的。老谭不仅为我们提供了吃喝，还帮助我们搭帐篷、卸物资；他的女儿瑶瑶是我的干女儿，地震时他抱着还没有满月的女儿冲出摇摇欲坠的房屋，所幸父母和孩子的妈妈都很安全。

随后救灾物资车达到治城，看着从车上卸下的一箱箱救灾物资，我居然产生了拉着救灾物资到大街上救助每一个灾民的侠义冲动。

治城建在群山环绕的洼地中，湔江穿城而过，据说该河是大禹治水的第一河。山里空旷的平地很少，因此房子将乡镇挤得满满当当的，乡镇外是一条通过北川县城的主干道，邻近乡镇的道路浸泡在堰塞湖中，露出的一半也被地震震得四分五裂。洪水退去后，家住乡镇上的很多老乡回到了原来的房子里，在门口或院子里搭起简易帐篷，其实与住在屋内相比，住帐篷仅仅是为了获得心理上的安全感。从我们的营地到乡镇的路上有两个帐篷，门口支着一个大煤球炉，上面的大锅冒着热气，帐篷旁边立着一个破烂的门板，上面用红油漆写着硕大的"面"字。老板就是在八一山停机坪旁对我们慷慨解囊的老乡，因身体不好回到乡镇后，他只能重操旧业，卖起了面，刚刚回家的两个女儿成了他的帮手。因面的味道不错，分量足，而且价格便宜，我常到这里吃面，与老板闲聊。他告诉我，他们家就在对面的那栋楼，楼房被地震震得有些问题了，后来又被水泡了大半个月，现在已经成了真正的危房，不能住了，只能在这里支起帐篷住下，而面摊的生意也仅仅能维持一家人的生活。我吃完面回到营地，扛了一袋米、装了些生活用品给老板送了过去。

时间到了7月，大人们都忙着维修受灾的住房或者打点零工补贴家用，根本没有时间约束孩子，孩子们每天在街上、河边晃荡着。崔老师带领我们在河上游的湔江村和下游的水秀村开办了两个帐篷学校，让附近的孩子能够读书。水秀村的帐篷学校建在水秀村原来的村小里，一边是"教室"，一边是老师"宿舍"。开学的那天，我们搞了一个很简陋的开学仪式，举行了升旗仪式，还请村长给我们致了辞。旗台是用石块堆起来的，旗杆是在老乡家垮塌的房子里扒拉出来的一根还算直的竹竿，升旗手是我训练的，因为以前在部队的时候经常干这活。国歌响起的时候大家都会伫立行礼，颇有几分庄重。周围十里八乡的孩子们都赶过来了，最远的要走两个多小时的山路。他们当中有的是家里的父母让他们赶来在这个时候好好补习一下之前落下的功课，有的是因为放假在家成日窝在帐篷里对着残破的房子着实无聊。不过山里的孩子都朴实，不娇气，搬砖弄瓦、挑柴担水什么都能帮志愿者老师们干。赶上晌午最热的时候，他们还会带着我们沿着小溪往山上走，一路嬉戏打闹，下水捉鱼，上山挖菜。晚上，村长和周围老乡都时不时过来喊我们去他们那里吃饭，不论杀鸡宰羊都会让我们去改善伙食。孩子们也会隔三岔五地带些野果或野菜让老师们尝鲜。那段时间，帐篷学校就像是一个大家庭。每个志愿者老师都带着一帮孩子，生怕他们学坏了、不乖了。孩子们非常懂事，生怕他们的老师累着了。后来崔老师给帐篷学校取名叫"真爱"帐篷学校，寓意真爱永远不更改，真爱永远不离开。广州来的陈让还为我们创造了一首校歌：

当我们降临在这美丽的世界，肩上背负着一种使命；
当我们睁开眼睛放眼世界，点亮心中黑暗的一面；
当我们迈开脚步走遍世界，心就变得越来越宽阔；
当我们抛开杂念进入爱的世界，一切就会变得更加美好；
我们能手撑起一片天，脚踏七大洲，让真爱在每个角落飞扬……
我们要善待每一天，快乐向前走，愿每个人都能拥有真爱……

也是在那段时间，我与阿雯相遇了。阿雯的身形有些娇小，中短发，穿着非常简单，经常戴着一顶帽子，给人以儒雅清秀之感。其实，在刚见面的那一天她就引起了我的注意。我常找她聊天，偶尔也会吹嘘一下自己的"光辉事迹"，她都会认真倾听，精彩之处会莞尔一笑。忙完一天的事情我们都会坐在帐篷外，我帮她打手电，她给我朗诵圣经故事，夜空中会偶尔划过一道流星。有一天，我和阿雯去水秀村的一个孩子家做家访，对象是一个读四年级的男孩，乖巧听话，母亲扔下他和十几岁的姐姐离家出走了，姐姐初中没有毕业就外出打工供养弟弟，他和父亲在家相依为命。等到了和他家隔河相望的位置，孩子爸爸撑着一条自己捆绑的竹筏过来接我们。为了便于往返，他早早在两岸拉起来一根绳子，这样竹筏就不用人划，只需用手拉就可以。筏子往对岸移动的时候，河面一下子起了大风，藏在水下的绳子不知被什么东西给卡住了，越往前拉筏子就越往水下潜。走到河面中间位置的时候，竹筏已经完全看不见，我们的半条腿也没在了水下。阿雯紧张地拉着我的手，闭着眼睛向上帝祷告。我一把将她搂进怀里，那一瞬间只想成为她的"上帝"。等她睁开眼睛的时候，男孩的父亲已经把卡在水下的绳子捞了出来，我们安全了。但我们依然安静地看着对方，手再也没分开过。她英语不错，在帐篷学校给孩子教了几天英语。前两年听说她嫁给了一个美国人，当时听到我还觉得很惋惜，不过现在想想看，她还是比较幸运吧。

因为一些原因，我们被迫撤出治城，帐篷学校只能关闭。离开那天，我们与孩子们没有太多的语言，只是抱在一起伤心痛哭，有些孩子亲手做了道别和祝福的卡片让我们带给来不及与他们道别就离开了的老师。我们走一步孩子们跟一步，而我们走一步也回头望一步。到了村口我们让孩子们不要再送了，并告诉他们我们还会回来的。而兑现这一承诺，我用了整整三年时间。

在离开治城的船上，我们望着岸边的"真爱"帐篷学校，孩子们还在岸边向我们挥手。不久之后，他们回到了原来的学校，开始了正常生活与学习。

后来听说，大禹庙重建了。之后下大雨堰塞湖的水又涨了一些，都淹到帐篷学校了。后来路通了，汽车可以进入治城了，不过经常还会有滑坡和泥石流。那年冬天特别冷，山上积满了厚厚的白雪，政府也为灾民更换了棉帐篷，但还是太冷，很多老乡都到其他地方过冬了。

2008 年的那段经历已经过去了近 10 年。在最初的两年，我辗转几个城市，但在每一个寂静的夜晚，我都会陷入无穷无尽的追忆和万千思绪中，内心依然在剧烈地挣扎着，无法释怀。同时，我也会告慰自己：当回望过去，细数每一个遗憾时，我曾尝试过、努力过。时至今日，我依然对生活怀揣希望，因为希望让我改变！

灾难中的缘

我不知道

那一刻

天上有没有太阳

我不知道

那一刻

你是否听到有异样的声响

也许你正在安详的梦中

也许你正在静静的课堂

就在一瞬间

两点二十八分

死神露出狰狞的面目

折断一只　又一只

天使的翅膀

山崩地裂

日月无光

沙石翻滚

摧屋毁墙

无情的钢筋水泥

把一条条鲜活的生命埋葬

大地在痛苦地呻吟

河水失去了欢唱

生命不能承受的沉重

铁一样的冷

冰一样的凉

电视上

那个七八岁的小姑娘

像一只受伤的小鹿

眼神中挂满了惊慌

满脸流淌的泪水

触痛我的心房

孩子，不哭，别怕

让我温暖你的无助

抚慰你的创伤

有我们

就不会让你

一个人在街头流浪

伸出你的手吧

穿越千山万水

穿越废墟、断梁

穿越所有的苦难和悲伤

用爱照耀每一个心灵

用心点燃生活的希望

擦干眼泪

挺起胸膛

蜀山上，花儿会继续开放

——《蜀山上，花儿会继续开放》（2008 年 7 月）

一　地震来了

2007 年 12 月国际志愿者日，成都商报在"社区金版"上发出倡议："让义工成为一种生活方式。"辞职在家休养一个月的我闲来无事也加入此活动中，从此与志愿服务结缘。

2008 年 1 月初始，"成都商报社区金版义工联盟"（以下简称义工联盟）开始组建。义工联盟是一个基于网络的志愿者团体，在这个虚拟的社区中，我们都是以网名沟通。我网名为"幽香紫茉莉"，大家叫我"茉莉"，在很长一段时间"茉莉"替代了我的名字。

义工联盟是一个完全开放的志愿者组织，有意愿者都可以自荐加入。我因闲暇时间较多，并能热心组织与参与各种活动，被推选为义工联盟理事会成员。在之后的半年多时间里，我策划并组织了许多敬老助残助孤的爱心活动，包括为苏坡桥小学留守儿童当半天妈妈；在圣爱特教中心、成都市聋哑特殊教育学校陪残障孩子做游戏和搞义卖；带着队伍去边远山区为贫穷孩子送书送衣物；到敬老院为老人做饭洗衣搞卫生；等等。

进入志愿服务领域，我过得自由、充实和快乐，感觉有使不完的劲儿。没想到，仅仅半年时间，我迎来了巨大的考验。

2008 年 5 月 12 日，星期一中午，我像往常一样慵懒地做完家务，吃过午饭后就到 QQ 空间闲逛、偷菜、聊天，以此打发无聊的时间。下午两点二十八分，大楼突然摇晃起来，"地震了！"这是我的第一反应，但由于感觉不是非常强烈，我并没有太在意，也没有意识到存在的危险，QQ 上很多朋友都在说："好像地震了！"一会儿丈夫打来电话，急切而惊恐地吼道："你在哪里？什么？还在家里？！不要命了！下楼！下楼！快下楼！！"我依然不以为意，心想有什么大惊小怪的，又不是第一次经历地震。这时候第二波地震来了，感觉比第一波晃动更厉害些，这时的 QQ 群像炸开锅一样，不停地弹出地震的消息，我才意识到危险，赶紧关上电脑向楼下冲去。到了楼下，到处是面带惊恐和焦急的人，还有很多人从大楼中跌跌撞撞地冲出来，面对此种景象我才意识到此次地震的严重和可怕。回过神来的我第一时间想到的是远在乐山老家年迈父母的安危，由于电话无法接通，我的心一下子提到嗓子眼了，脑海中不停地闪现各种可能的情景。差不多十多分钟后，电话终于打通了，得知家人无恙，我的心才真正落地。放眼望去，满大街都是人——有三三两两聚集在一起讲述自己遭遇的人，也有脸色苍白、呆若木鸡者，还有很多人焦急地联系亲友；再看马路上挤满了车子，堵得水泄不通，喇叭声和喧闹声充斥着大街小巷，感觉整个成都瞬间陷入前所未有的混乱。

在这种情形下，我知道至少今天不可能在家吃晚饭了，就赶紧跑到附近超市买矿泉水、牛奶，为家人准备食物。这时丈夫打来电话："学校班主任通知家长到学校操场接孩子。"我才反应过来，发生这么大事，我居然没有想过去学校看看孩子，甚至没有想到同学校老师联系一下！这件事让我内疚至今。

下午 5 点左右，丈夫单位通知因预告有强烈余震，不能回家过夜。当晚，一家三口在附近找了一家小茶楼安置了下来。茶楼里所有的人都凝神看着电视里滚动播报的地震消息，每更新一个数据大家的心就颤一下，每个数据后面都是一个个鲜活的生命啊！一个个令人震撼的画面让大家表情越来越凝重。我一边看着电视报道，一边通过 QQ 及时了解灾区动态。我完全惊呆了，做梦都不会想到这样惨烈的灾难会出现在"天府之国"！出现在离我如此近的地方！我已经无法控制自己的泪水恣意流淌！我知道我必须为他们做点什么了！

二 紧急救援

这场自唐山大地震以来最严重的地震灾害，没有预报，没有征兆，在那短短的 3 分钟，无数家园瞬成废墟，数万生灵被吞噬；无数亲人生离死别，无数孩子成为孤儿……"5·12"震动了大半个中国，也震撼了亿万人民的心，无数的瞬间被永远铭记……

义工联盟在 5 月 12 日当晚就开始了行动。大家一致讨论通过，先召集有户外作业经验和救援经验的专业志愿者以及有医疗背景的志愿者急赴德阳一线，加入搜救、医疗救护、抚慰灾民、募集赈灾物资的救援队伍中。志愿者招募通告在 13 日下午 2 时 23 分由联盟负责人"诺宝贝"发出。从报名到赶赴灾区短短 2 个小时的时间就聚集了 31 名义工朋友——除了责任没有其他。大家的心愿只有一个，去德阳地震受灾一线，用实际行动帮助受灾群众。5 月 14 日，志愿者带着募集来的大量食品、药品等灾区必需品赶赴绵竹金华镇。而我于 5 月 16 日到了都江堰。

都江堰，曾经的那座充满了灵性、满目翠绿的城市，在地震肆意摧残之后，到处是断壁残垣。曾经的幸福大道成了都江堰最大的棚户区，棚户区中的人们在惶恐中度日——没有人知道明天会怎么样?! 也不知道自己还将面临什么样的命运?!

地震后的都江堰满目疮痍，同一条街道有四座建筑物成了废墟，下面掩埋着 4 名幸存者；一位老人因无力救出自己的孙子，拼命用头撞着废墟中的墙面；一个在倒塌的建筑物下面支撑了 78 个小时的女子，最后不得不选择用铲子铲断自己的一条腿来保全性命；那些从唐山赶过来的志愿者，自费开车从唐山赶来成都后就自发地迅速参与到抢险的队伍中，虽然带来的干粮不够，在废墟上救援时臂膀却挥动得那样坚决有力，他们说："因为我们是中国人!"

5 月 17 日下午 3 点 30 分，我们一行 6 辆车（原本是 8 辆，为了避免给灾区交通带来不便，我们压缩了车辆，减少了成员，保证多装物资）和扶贫办的郑老师的车队一起启程了，我们要将车上满满的赈灾物资运送到绵阳市游仙区中新镇去。

一路上都是满载赈灾物资的车辆，一辆辆有条不紊地排队前行，没有一辆车插队，没有一辆车胡乱超车，急迫又安静——为了给灾区人民打开生命通道，所有的人都保持着默契。

在路上我对中新镇的灾情有万般设想，可是到了目的地所闻所见并没有我们想象的那样糟糕，与绵竹金花镇的情况比，这里的灾情要轻很多。因此，大家一致决定要将物资送抵真正需要的地方！我们的车队转道，火速转向已经断水断粮的重灾区——绵竹广济镇。

晚上 11 点，我们终于到达了广济镇。目光所及之处都是倒塌的房子，路边聚集着在灾难中幸存的村民。看着灾区人民疲惫、焦虑、无助的眼神，每个人的心里，都有说不出来的万种滋味，路途中疲惫与饥饿早就忘到九霄云外了。我们迅速依次将车上的物资搬运下来，大约 200 件饼干、饮料、药品等物资。最让我们欣慰的是救灾物资终于送到了最需要它们的灾民手中。

我们继续前行，5 月 18 日我们到了彭州磁峰镇——一个毗邻银厂沟曾经繁华的小镇。磁峰镇 90% 的房屋在地震中垮塌。在运送救灾物资的途中，一个 60 多岁的老妈妈突然拉住我就号啕大哭，因为老人唯一的房屋已经完全垮塌。老人说她连吃的东西都没有抢出来，除了哭她不知道该怎么办。看到志愿者她像是看到了希望，一步一步地走向我跪下，我的心像是被人猛地揪了一下，除了跪在地上将老人扶起来，递给她我们仅剩的干粮和矿泉水外，我真的不知道还能为她做点什么——言语乏力，我不知道该怎么安慰老人，因为我连自己都无法安慰。这一刻我只能让泪水肆意地流淌。

还有一个 12 岁的可爱的小妹妹，她正在读初中，拉着我们的手不停地说："我想妈妈了！妈妈在哪里呀？我联系不上她了。我很好、我很乖的，以后我会认真读书的，不要妈妈操心了……"我的内心再次被揪得生疼，小妹妹再也不想偷懒不做作业了，再也不想用妈妈寄过来的零花钱给自己买好吃的东西和漂亮的衣服了，这一刻她只需要妈妈的陪伴。灾难让所有的人都变得成熟了。

5 月 17 日，得知龙潭寺安置点需要志愿者，我们与龙潭寺团委的工作人员取得联系后，确定了我们的工作。5 月 23 日，在龙潭寺团委的安排下，我们去龙潭寺火车站搬运矿泉水。烈日当头，在 30 多摄氏度的高温下我们挥汗如雨，同解放军战士和大学的志愿者一道，在短短的 5 个小时中搬了 7 个车皮的物资。每一车皮的物资多达 60 吨！

随着灾民和伤员陆续被送往成都，我们义工联盟的朋友就各自根据自己的情况，就近加入赈灾救援和安抚护理的志愿者行列。不管是在灾区一线，还是在成都各大医院、各灾民安置点，人们都能看到身穿"有你有我，成都爱更浓"T恤的义工联盟成员！我很自豪，因为我也是其中一员！！

三　点滴现真情

　　时间飞快地进入 6 月份，义工联盟的救灾工作重心也开始从灾区现场救援转向立足成都为灾后重建添砖加瓦。在此过程中，我被无数的人所感动，他们有我的同行者，也有面对灾难真情流露的平凡人。我感恩他们，是他们坚定了我的信念，让我在公益的路上行走至今。

　　"5·12"四川特大地震使灾区学校校舍损毁情况十分严重，受灾学生众多。成都市青少年发展基金会、成都市希望工程办公室启动"希望工程·大爱助学特别行动"，紧急呼吁社会各界慷慨解囊，救助受灾学生，抢修灾毁学校，帮助灾区孩子渡过难关。义工联盟联合共青团成都市委举办了大爱助学特别行动成都希望工程赈灾助学劝募倡议活动。

　　此次活动在城区五个点同时进行，我负责城南点（家乐福大世界店）的志愿者招募、活动策划和组织与实施。我们小组共 11 人，大家同心协力、众志成城，4 个小时竟募捐到 4000 多块钱，3 个募集箱差不多都装满了。

　　记得一名叫"一条游来游去的鱼"（我习惯叫他"游鱼"）的队友，他患有过敏性哮喘和心脏病，身体比较虚弱。为了尽自己的力量帮助灾区同胞，活动开始前他早早从东门的攀钢宿舍来到活动现场，同我一道联系活动所需的场地和物品，并且为大家准备了矿泉水和饼干；还有队友"我是好孩子"拿出女朋友送的几百只千纸鹤，送给来献爱心的好心人；"独自看电影"顶着火辣辣的太阳到荷花池买小礼物送给小朋友；"可可鼠"为这次活动出谋划策……

　　活动期间有一个可爱的小妹妹，妈妈带她来捐款并填写了心愿卡，过了一段时间，她抱着两个毛绒熊跑过来，说要将它们送给灾区的小朋友。她妈妈告诉我们这原本是给她的儿童节礼物，没有想到她会自己跑来捐。我告诉小妹妹这礼物很珍贵，请她自己保管好，等有机会见到灾区的小朋友，请她亲手交给他们。后来我安排志愿者在医院陪护伤病员时，小妹妹的毛绒熊由她自己送给了在华西医院康复治疗的小朋友宋馨懿。

地震后不久，震区的受灾群众被陆续转移到成都的各安置点进行安置和治疗。东郊体育场作为安置点之一，也开始接收从灾区转移过来的受灾群众。但人手不足、组织无序是所有安置点共同面对的问题。为了解决这些问题，成华区团委便将东郊体育场灾民的安置工作交给我们义工联盟。

6月3日，我们正式接手该安置点的志愿者服务工作。为了最大限度地服务于受灾群众，我们志愿者采用了两班制，即每天从上午八点到下午两点为第一班，从下午两点到晚上八点为第二班；每班两名志愿者；其主要的工作内容是为灾民进出安置点进行登记和搬运救灾物资。在过后的一个月中，没有一位志愿者出现过缺勤的现象，他们都认真负责地完成自己分内的工作，尽心尽力服务于受灾群众。

6月底，东郊体育场安置点终于完成了它的历史使命，安置点撤离，受灾群众重返家庭，投身到灾后重建的洪流之中。志愿者们坚守到送走最后一位受灾群众，并将安置点完全打扫干净方才离开。

这一个月时间，同行者身上所富有的同情心和责任感深深地感染着我，震撼着我，他们坚定的身影一直伴随我至今。

6月13日，我接到省医院志愿者曲纪伍的电话，告诉我许多外地的志愿者已经在医院坚守快一个月了，需要回家休整，他希望我们义工联盟能够接过他们的工作。考虑到东郊体育场安置点的工作已经走向正轨，我便接下了这一任务。很多志愿者听说这一消息后，纷纷加入，并要求第二天就去医院。"游鱼"也想加入，因身体原因无法照顾伤员，他提出给志愿者送餐，但考虑到医院的志愿服务工作时间可能比较漫长，我便说服他放弃了这个想法。望着他失望的神情，我备感矛盾。

6月14日一早，我赶到华西医院与曲纪伍见面商量志愿服务工作的分工：我们义工联盟的志愿者主要负责轮班照顾伤员；他们的团队在华西医院旁租了两套住房，可以为伤员提供营养餐。

明确分工后，我和成都志愿者潘国飞负责护理伤员的第一班。进入病房需要进行消毒检查，因我的右手有划伤不能进入病房，只好离开，留下潘国飞一人进入病房护理。

6月18日我的手伤完全好了，早上7点我来到了华西医院第一住院大楼 B 区 5 楼 34 床。当我踏进病房时，五六个年轻的义工正在交接班，他们有的来自广东珠海，有的来自辽宁，有的来自江苏……在这个不大的病房里，汇聚了祖国各地义工的爱心。病床上躺着的是一位 50 多岁的大爷，在"5·12"地震中他的脊椎受损了。他诉说着"5·12"那天他的遭遇和来自各地义工对他的帮助，并且不停地表达着对义工的感激之情。

半小时后，我到 8 楼 67 床接替晚上值班护理的志愿者"VIP"。病人是来自安县的老婆婆，已经 74 岁高龄了，在地震中受伤。她的话很多，但听力不好，在病床上一直自顾自地大声说着话。"VIP"看到我进来，便向婆婆介绍我。但婆婆立即停止了说话，将脸转向了另一侧，看到这一景象，我的心也随之一沉。"VIP"从 14 日起一直在照顾老婆婆，比较了解她的想法，她告诉我这是婆婆怕照顾她的人收费，每次更换义工她都会很有戒心。听到这，我便释然了。"VIP"离开后，我俯下身告诉婆婆我们是不收费的，以后也会常来照顾她，婆婆对我的态度也逐渐好转。

由于从来没有照顾过卧床的病人，开始我感觉无所适从。倒是"话多"的婆婆先打开了话匣子，她给我很详细地描述了"5·12"地震当天所发生的一切，还给我说了她的很多不幸：她有个儿子，很不听话，把媳妇和一个两岁的孙儿气走了，她挣的一点可怜的钱不管藏在何处，都会被她不争气的儿子找到用完；她和她六个兄弟姊妹的感情也不是很融洽；和邻里之间也总是有些小摩擦，就是因为村里的人都说她是五保户，是孤寡老人；最后她说，到现在为止她还不清楚村里的具体情况，也不知道她的儿子是否还在，是否会来接她回家……在讲述过程中，她浑浊的双眼中总是泛着泪花。

在婆婆病床的床头柜上堆放着很多的香蕉、苹果、桃子、小面包等水果和零食，还有爱心人士送过来的蜂蜜……在她 67 号的储物柜里，慰问品塞了满满的一柜子。婆婆告诉我，这些东西是很多人来看她时带给她的。她还特别讲起来自江苏的一家人，带来了很多吃的。说到这些，婆婆很开心地笑了笑。她知道，还有很多人关心她、爱她。病房里的病友都有些嫉妒地对她说："你看嘛，有这么多人关心你，你好幸福啊。"婆婆连连说："是！是！是！"聊天间隙，我问婆婆想不想吃点东西，她摇头表示不要。

当我把一块葱花饼掰成小块喂到她嘴里时，她居然吃了很多。我怕她口干，又给她兑了半杯蜂蜜水，她也喝光了。在陪她聊天时，我把拳头举得高高的，故意说"我打你"，她非常高兴地笑着。我对此动作乐此不疲，因为我知道，这样子她高兴。在玩了一会儿后，我怕她累着，便拉着她的手让她睡一会，很快她拉着我的手进入了梦乡。在病房里，很多照顾病人的家属问起我们义工联盟，并对我们这种志愿服务的行动赞不绝口，我心中的自豪感也油然而生。

10 点多，她的主治医生告诉我们，医院按婆婆说的信息查证后，发现查无此人。医院希望我们能联系到她的家人，因为婆婆的病情已经恢复，准备安排出院，如果找不到家人只有把她送到民政部门。我当即联系义工联盟的其他负责人，发动身边的各种资源联系到了婆婆的家人。

到了午饭的时候，婆婆要吃稀饭，我走到走廊餐车旁，告诉服务人员给 67 床打饭，他马上熟练地递给我一份稀饭和丸子汤，我知道这是医院为受伤的受灾群众提供的免费午饭。婆婆只吃了几个丸子，没有吃其他的东西。在我给她喂饭期间，婆婆说等她好了以后要回老家，并要邀请我们去吃她种的胡豆和黄瓜。我对她说："好，一定要去的，到时候还要给我们煮腊肉哦！"她又高兴地笑着说："好，我们家腊肉还在。"我心里暖暖的，我知道她所邀请的"我们"是所有帮助过她的志愿者，虽然她不知道名字，也不知道志愿者来自哪里，但心里已经有了我们，对我们的工作也高度认可。

转眼间，时间到了下午两点，来自贵州的志愿者"小雨点"接替了我的工作，下午和晚上都由她来照顾婆婆。当我拉着婆婆的手告诉她时，婆婆摆摆手说不要，又把脸侧向了一边。我知道此时她很不高兴。当我告诉她，我会天天来陪她直到她康复出院，她像小孩子一样笑着说："我等你哦！不要骗我！"从那天起我每天都要去看看她，直到 6 月 24 日她出院。

在与婆婆相处的这段时间，我第一次去洞察老年人的心理变化，不管他们的脾气多么倔强，都有充满温情的内心。他们希望被理解，更希望陪伴。而我们需要用耐心和同理心去面对他们。

婆婆出院后，我又开始陪伴在"5·12"地震中幸存下来的、来自福建泉州安溪的两岁小女孩苏菲菲。5月12日，在绵竹，小菲菲、母亲和4岁的姐姐在地震中被埋，母亲用柔弱的身体为她在废墟中撑起了一片生命的空间，而母亲和姐姐相继离开了她。5月13日凌晨3点钟，小菲菲被送到了成都市儿童医院。当时，她处于昏迷状态，身上血糊糊一片，左腿被打上夹板，下肢粉碎性骨折，医院当即组织力量进行紧急抢救。由于她左小腿粉碎性骨折，不得不截肢。虽然小菲菲活了下来，但由于失血太多，引起脑萎缩，大脑和神经系统严重受损，一直处于睁眼昏迷的状态。来自加拿大的志愿者司徒女士在第一时间来到小菲菲的身边照顾她，直至6月23日司徒女士离开中国。现在急迫需要一名新的爱心妈妈接替司徒女士照顾小菲菲。

得知这一消息，我与曲纪伍立即赶往成都市儿童医院，在一间不大的单人病房里第一次见到菲菲。她躺在病床上，枕着一个像国旗一样的心形小枕头（记得好像是香港著名女艺人翁虹送的），一双像洋娃娃一样的大眼睛东张西望，小嘴儿轻轻地动着。好漂亮的小妹妹！可能是听到我们的声音，小菲菲的大眼睛转向我们，瞬间我就被这双清澈的眼睛所震撼！

自6月24日起至11月底，我和20多名志愿者轮流照顾着菲菲。特别是廖凌，几乎每周一至周五都是把自己3岁的孩子送到幼儿园后，即刻赶到成都儿童医院照护菲菲，真正把菲菲当作自己的孩子一样疼爱。

菲菲入院以来一直喝稀饭等流食，我和廖凌就试着在她老家福建人开的"千里香"馄饨馆买了一两馄饨给她吃，没想到她吃了差不多一半，我们兴奋地跳起来，恨不得把这好消息告诉所有的人。后来我们就开始试着给菲菲吃些肉末和蔬菜，增加营养。

8月份小菲菲的命运发生了转机。根据有关规定，地震伤员在2008年12月31日前须全部从成都医院出院或转入当地医院康复治疗。基于绵竹小伤员苏菲菲本人及家庭的特殊情况，根本不可能康复出院，也不可能回绵竹康复治疗。从8月份菲菲的两岁生日后，我就开始着手联系资源，希望能借助更先进的医疗技术帮助她恢复意识。8月10日左右，曲纪伍的北京朋友来看他，正好我们一起在华西医院和省医院核实伤员的实际数量，打算为伤员准备中秋月饼。我们一起聊了很多，重点讲了菲菲的事，其中一位朋友王佐红说他有办法联系到北京宣武医院的凌峰教授，我们好兴奋，立即打车到了儿童医院。王姐见到菲菲的第一反应跟我一样，吃惊、心痛！那双美丽可爱的大眼睛亮晶晶地望着你，让人怎么也不相信这是一个处于睁眼昏迷状态半年之久的宝宝！王姐说事不宜迟，明天马上回北京联系凌峰教授，我们立即复印了菲菲的全套病历，交给王姐，让她带回去先给凌教授看看，然后联系好菲菲父女在北京期间的住址等事宜，就只等小菲菲从成都儿童医院出院了。

11 月 17 日中午，我陪菲菲在医院做了最后一次高压氧治疗，下午，菲菲爸爸为小菲菲办理好出院手续——小菲菲是成都儿童医院收治的第一个在地震中受伤的重症伤员，也是最后一名出院的地震伤员。我、志愿者张凤（小惜）和西南民大的学生志愿者罗兵先陪同菲菲爸爸将小菲菲送回绵竹家里休整，然后联系好北京的王姐。11 月 23 日小菲菲的爸爸带着她启程去了北京。

8 月 13 日，来自辽宁铁岭的优秀歌唱演员曲纪伍要回家了，他已经在四川省医院和华西医院为地震伤员服务了 3 个月，家里还有 1 岁多的宝宝和妻子需要他的陪伴。在这 3 个月里我们一直相互鼓励、相互支持着前行。在医院服务时，当我们累了困了，或者看到那些躺在医院 ICU 3 个月了还没有脱离危险期的极重伤员而心情极度不好的时候，他都会用甜美的歌声平复我们的心情，让我们瞬间消除疲劳。认识曲纪伍是震后上天为我安排的最喜乐的缘！我照例送他到火车站，缘来缘往这就是生活。他在我的笔记本上留下了这样一段话："因爱我们在此相聚／因爱我们就此别过／分别意味着更有意义的重逢／重逢之日但愿你我里面的人各有增多。"他是一个虔诚的基督徒，我不明白最后这句话里"人"的真正意义，但我坚信一定是美好的祝愿。

四 坚守"初心"

救灾工作从 8 月份开始全面步入灾后重建，即救灾群众的家园重建和心理重建。其实，在此之前就有一些民间个人与组织对受灾群众进行了灾后心理干预，志愿者肖峰就是其中之一。心理咨询师肖峰，"5·12"地震后关闭了自己在攀枝花的心理咨询公司，来到彭州小鱼洞镇做志愿者，并扎根在此。我通过华西医院志愿者王姐（一名优秀的月嫂）了解到他亟须在小鱼洞板房学校建一个规范的心理咨询室和募集一批心理健康教育类的书籍。为了印证信息的真实性和准确性，8月下旬我同好搭档"西山晓月"（张小红）一同前往小鱼洞核实。小鱼洞是地震重灾区，许多道路已经损坏，我们只好先搭公交车到了彭州，再坐着返乡老乡的火三轮车辗转到达了小鱼洞镇临时板房学校。"彭州市小鱼洞镇赈灾临时学校"屹立在依山偎水的彭州市西北山区，距"小鱼洞大桥"不远的地方，整齐的蓝顶白板房在太阳的照耀下熠熠夺目。

我们先去拜访了小鱼洞九年制学校校长易孔华、教导主任蔡统贵，蔡主任证实了志愿者肖峰的求助信息的真实性，并回顾了学校师生抗震救灾的经历："5·12"大地震，导致中心校两所房屋倒塌，中心部教学楼、实验楼、办公楼、学生公寓、教师住宿楼全部损毁成危房。大地震虽然震倒了校园，但没有震倒小鱼洞镇九年制学校老师的坚强意志，他们当时连自己的妻儿老小都没顾，首先做的是疏散学生，营救学生和老师。现在学校特别需要像肖老师这样能扎根学校陪伴师生的心理咨询师。后来我们又见到了肖峰本人。2008年5月19日，经过几天准备，他怀揣着担心、忧虑、希望和满腔热情与母亲从攀枝花出发（他母亲邓新玉是退休医务工作者，"5·12"抗震救灾中在都江堰参与志愿服务30天），20日到达成都，23日到都江堰向峨乡参加志愿服务，26日因为种种原因离开向峨乡回到成都休整，6月2日到彭州市小鱼洞镇九年制学校参与"AEA助学行动"，为学校灾后重建项目提供志愿服务，时间为期30天。30天的志愿者生活很快就过去，但是还有很多的事情没有做完，尤其是对丧亲学生的心理援助工作没有完成，他觉得如果就这样离开小鱼洞是对他干预过的孩子不负责任（当地还没有从事心理干预工作的人员留下来）。他不能就这样走，一定要等到孩子们的心灵成长到一个阶段或者有人能够接手他的工作以后才能离开——这就是他当时的想法。7月和8月整个暑假期间他和来自北京的志愿者教师李政安一道继续着还没有完成的工作。在他们的共同争取下，学校在开学后要专门开设心理健康课程，他想留下来担任学校心理健康课代课老师，真正陪伴和支持学生灾后心理恢复重建。但是学校现在特别缺乏心理健康教育的书籍以及一个真正意义上的心理咨询室。

我惊叹于肖峰的情怀与善良，也为孩子们感到幸运。回到成都我就在成都社区第一门户网站"第四城"上发布了小鱼洞急需中小学生心理健康教育教材的消息，很多好心人向我们伸出了援助之手。9 月 8 日，我和"西山晓月"带着爱心人士捐赠的中小学心理教育方面的专业书籍再次来到小鱼洞，将它们交给了肖峰。在此行中我们又有幸结识了来自北京的鸿德中裕支教志愿者李政安老师，他已经在此支教 3 个月了。他希望我们能为孩子们筹集一些英语字典，这样即使他们离开后，孩子们也能利用工具书继续学习英语——多么朴素而真挚的想法！

我再一次在"第四城"网站发出"小鱼洞镇九年制学校急需爱心援助"的帖子，立刻得到积极响应。

9 月 23 日，凌晨 3：00 开始的电闪雷鸣、暴风骤雨好像注定了这一天的不一样！上午义工联盟和好心的图书捐赠人（冉先生及其朋友三人）准时在高升桥罗马假日广场集合，将捐赠和募集到的图书装车送往小鱼洞。从彭州到小鱼洞道路出乎意料地通畅，生命桥也于两天前重新修通了，一晚上的暴雨并没有造成严重的后果，这让一行人都觉得轻松了。当我们到达时李政安老师正在给孩子们上课。为了不影响学校的教学秩序，我们直接与学校教导主任联系并沟通，在紧缺的板房中腾挪出了一间板房，为孩子们建了一个简易图书室。大家不惧酷暑，直接在学校大门外组装书架，清理书籍，分类摆放。经过努力，一个美观大方的图书室建成了！

孩子们有的坐在图书室里如饥似渴地阅读，有的欢呼雀跃四处奔走相告。看到这些，我们的眼角都湿润了，心里感到十分舒心和享受！这是一种无以言表的心理体验，真的！从此小鱼洞的孩子们的身影深深地植入我的心中。

后来，我又多次探访了孩子们。在此过程中，我发现很多成绩一般、家境贫寒但又有学习愿望的学生得不到关注，他们的内心极其自卑脆弱；而成绩优异的贫困生大多经常能得到政府、社会各界的帮助，他们可以找回一点自信和乐观。如何让处于弱势、成绩不好的贫困生得到物质和精神上的支持和引导，成了我心中的痛。为了他们的未来，我通过网络渠道为小鱼洞学校 24 个成绩一般又有学习愿望的贫困生寻求到助学金。来自上海的丁冠桥先生帮助了他们。在此感谢从未谋面的丁冠桥先生对我的信任和对孩子们的支持！

　　灾难除了对孩子造成身体的伤害，也会对他们的内心造成重大的创伤。因此，6 月份在上海复旦大学申荷永教授的带领下，四川大学的尹立老师、四川联合辅仁心理文化公司的李荣明老师和我加入"心灵花园"的团队中，在重灾区都江堰、北川中学、德阳东汽、汶川等地开展心理援助工作，我也不停地通过义工联盟的网络平台招募有专长的志愿者，可专业工作人员总是不会长久留在灾区服务的问题逐渐凸显出来：志愿者频繁更换；专家和教授短暂停留。例如开展心理讲座，最初有近千人听课，可是能留在灾区做一线工作的人寥寥无几。许多人在热潮退去后，便选择了退出。当看到灾区的孩子心灵遭受地震及人为创伤的时候、工作站点上资金难以为继的时候，我们开始考虑如何留住这些专业志愿者，以保障他们更好地服务灾区群众了。9 月底，我和张小红先后辞去了义工联盟的职务，在申荷永教授带领的"心灵花园"团队的支持下，与四川大学尹立博士、心理咨询师李荣明、心理咨询师肖峰等志愿者组建了成都本地第一支扎根灾区的心理志愿者团队——"心家园·社工"，核心成员 9 人，我任总干事。服务区域最初集中在绵竹市汉旺板房区、德阳东汽板房区、彭州小鱼洞板房安置区和灾区学校，主要服务项目包括开展广泛的社区服务、心理援助、培训教育和助学帮困等工作。开始的经费主要来源于自己和社会爱心人士的资助，经费逐渐成为开展工作的主要瓶颈。庆幸的是我一直都是一个爱说爱笑和运气很好的女人。当我发愁经费来源时，在一个公益组织聚会上我碰到了原 NPI 驻成都项目办项目主管廖铮。因为她，我第一次听到"NPO"、"NGO"；第一次知道做志愿服务还可以走专业道路；第一次听说了"社工"，被"社工"可以用项目筹款的方式服务灾区群众深深吸引；第一次了解了"公益孵化器"是什么。我感到难以想象，还有这等好事，能给公益团队提供免费的办公场地，提供免费的培训机会，还提供小额经费！真是雪中送炭啊！后来我就有意识地去接触有社工背景的来自中国台湾、中国香港和新加坡的志愿者，有意识地在各种公益志愿者聚会"混"，像一个好奇的小学生一样，疯狂地吸收着来自境内外的信息。8月中旬我参加了由南都公益基金会出资、NPI 成都项目办承办的针对草根公益组织（主要是正在灾区服务的志愿者组织和其他民间团队）的系列培训，受益匪浅，从此进入了一个崭新的社会工作学习培训和实践的天地。也是在这段时间，廖铮手把手地教我做 PPT，教我如何在专业化理念引导下做项目方案设计和撰写项目申请书。同时，我们也第一次品尝到等待失败的滋味：从写孵化申请书到第一次尝试给南都公益基金会写项目申请书——守护"天使之心"，从 NPI 成都项目办经历的第一次孵化失败到写给南都公益基金会的项目申请书杳无音信、石沉大海，我们经历了希望与期待，失望与遗憾。当然，我们也从中感受到了欣喜——原来那么多优秀的 NGO 机构，可以提供许多的学习培训机会。我认识到了自己的不专业，决心从头学起。

功夫不负有心人。10月我们终于争取到了用于支持志愿者的第一笔10万元资金，它可以为在灾区服务的十多名专业志愿者提供基本的生活保障；我们采购了一批沙具，补充到有需要的灾区板房工作站；在绵竹汉旺板房区新建了志愿者工作站；为肖峰老师的心理治疗室配置了专业版沙盘游戏心理治疗工具和图书角，保障了灾后心理重建期专职心理志愿者能切实有效地开展工作。

我见证了小鱼洞学生小兰在心理专业志愿者肖峰的持续关注陪伴下心理成长的故事。

小兰是小鱼洞九年制学校的一名初三学生。"5·12"中午她与一位好友约好去买中考的学习资料。小兰先到书店，便在店门口等好友。这时地震来了，小兰冲到马路边的一棵大树下紧紧地抱住树干直到地震过去。惊魂未定的小兰拿出手机打给好友，但电话怎么也接不通；小兰又给家里打电话，同样无法接通。小兰吓坏了！几小时后父母找到了她，并告诉她地震来临时好友正在赴约的路上，被倒塌的房屋砸中，已经离开了这个世界。小兰听到这个消息心里难过而又自责，总是认为如果当初不约她去购书就不会有这样的事情发生。事后伤心的小兰将自责深深地嵌入内心，将悲伤留给了自己。懂事的小兰不想加重已经陷入灾难的家人的心理负担，但此事对小兰的心理造成了巨大的创伤。后来发展到只要亲人不在身边，小兰就会焦虑，不断地给亲人打电话；如果对方没有接听，小兰的行为就会出现紊乱。甚至有几次，由于父母没有及时接听小兰的电话，她直接从学校冲回家，见到父母后非常生气，责问他们为什么不接电话，更甚的是愤怒的小兰直接将父母的电话摔到地上。事实上，小兰已经把打电话看成了自己的一种责任，亲人的外出都会引起小兰的过分担忧，一旦无法确认亲人的情况，她的焦虑就开始升级为恐慌，如同地震时一次次打电话找寻她的好友，仿佛接下来的情景即将重演。曾经发生的事件被她泛化到了自己亲人身上。地震后小兰脾气越来越坏，对自己越来越失望。

小兰在专业志愿者肖峰的引导下，采用了格式塔空椅子技术进行心理治疗。面对空空的椅子，小兰仿佛看到了昔日的好友坐在那里，她们一同追忆曾经的快乐，一同分享离别的痛苦，小兰再也无法隐藏自己的感受，积压许久的悲痛、自责、感伤通通伴着泪水倾泻出来。通过肖峰持续的专业引导和陪伴，小兰明白了她的抑郁和焦虑情绪源于好友的突然离去，明白了自己为何苦苦地打电话追踪亲人的方向，明白了自己的莫名发火是由于对此事件还存留的自责和不安，也明白了为何自己要不断强调心理准备。她的心灵终于解开了枷锁，她能够重新客观正确地面对人生意外的来临，终于走出了自己情绪阴霾。

灾后心理干预是一个长期的过程。地震过去半年多了，大部分人的热情已经减退，进入灾区进行心理辅导的大部分志愿人员也选择了离开，如何继续让孩子受到帮助，使其能够面对灾区日后漫长的重建过程和混乱的局面，保持相对健康的成长态势，对孩子的一生发展都有积极的意义。

我们开始思考怎样才能在灾区既缺乏财力也缺乏人力的情况下，找到一种心理援助的方式，以最少的投入，让最多的孩子受到最大的帮助，我们想到了申老师的"沙盘游戏"。

沙盘游戏对儿童有着特殊的帮助作用：儿童生活在一个想象和象征的世界。地震对世界的破坏在儿童和在成人眼里是不同的。儿童虽然受到伤害更深，但只要方法得当，儿童的内在活力使他可以更快地抚平创伤。沙盘游戏以沙子、水和大量的小沙具送给孩子一个全新的、绚烂的世界，在这个可以自由支配的象征世界里，他能够将情绪表达出来并重新整理受到地震破坏的世界，在此过程中逐渐恢复与现实世界的沟通及对其的信任，内心的创伤得到抚平。事实上，越是受到创伤深的孩子，越是需要通过这样一种象征性的方式来表达和安抚自己。这不仅适合灾后心理恢复，同样适用于日常儿童心理康复的需要。在日后漫长的灾区重建过程中，沙盘是陪伴孩子不断进行自我心理调整的最佳伙伴。我们在这里只需要送给他一个可以自由发挥和支配的天地，陪着他自由创造就可以了，而不需要更多的干预和指导。这样一种方式，可以最大限度地减少人力和财力的投入，而孩子们却可以获得一个全新的世界。

但是要想从基金会或企业筹到项目经费，必须有一个公信力很强的合法账户。当时的民间团队是无法登记注册取得合法身份的，为此，四川大学的尹立老师通过与校方达成合作协议，以"四川大学心家园社工团队"的名义签署项目合同，财务由四川大学校方托管。

于是，我们找到壹基金，希望通过他们出物力、我们出人力的合作模式切实可行、持续长期地帮助灾区学生重建美好心灵。

经过一个多月的沟通交流，我们在 2008 年底与当时的"上海李连杰壹基金公益基金会"就"李连杰壹基金四川大学绵竹地震灾区幼儿心理重建"——"壹基金'5·12'地震灾区心理沙盘游戏赠送计划"项目正式签署了协议，项目期从 2009 年 1 月至 12 月，2009 年 5 月项目资金到位。

这笔项目资金全部用于沙盘沙具的配置、运输和培训专家差旅费，项目管理人员和志愿者没有任何补贴，可我们却很开心，因为有了钱，我们能更好、更专业地为灾区服务。

转眼到了 2009 年春节，壹基金的项目也落实下来，志愿者的经费也筹到了，地震伤员也都陆续出院了，我也该回家看看老人家了。但是回到家后，我整个人都瘫软了，从"5·12"地震那天开始我一直处于紧张繁忙的工作状态，现在就像绷得太紧的弦一放松就断了。春节期间，我完全处于昏睡状态，浑身无力，发烧，声音沙哑，吃药也不管用。本来是回家陪老人家的，没想到让老人家陪我了，呵呵。但是我心里知道身体没有什么大碍，休息一段时间就会好的。

休息了十多天，身体稍微恢复了些，我想到春节期间一直坚守在灾区与灾区群众共度佳节的志愿者们，怎么都坐不住了，执意要到小鱼洞去。我的丈夫不仅没有阻拦我，反而决定和我一同前往。我们采购了一些家乡的土特产，一行 6 人（包括 14 岁的儿子、17 岁的侄子和 6 岁的小侄女），告别了家乡的亲人，驱车前往彭州小鱼洞。虽然儿子和侄儿在地震后曾经当过志愿者，但都是在成都大后方，真正进入灾区还是第一次。那时候的小鱼洞已经看不到什么明显的被地震破坏的场景了，只剩下从中间断裂的曾经担负生命援救使命的生命桥——小鱼洞大桥"5·12"地震遗址。孩子们静静地看着遗址，默默地听着地震亲历者的讲述，可以想见孩子的内心一定波涛汹涌，最后侄子没有跟我们回成都，而是留了下来，同肖峰一道为灾区群众服务，直到寒假结束。

如果说我最开始是因个人的同情心加入志愿者的队伍，凭借个人的激情服务于受灾群众的话，那么后来我就是凭借理智，一步一步走向专业化志愿服务之路的，也只有这样才能帮助更多需要帮助的人。这是我的成长历程，更是坚守"初心"的结果。

五　缘来缘续

抗震救灾应急时期就这样在不断的忙碌中匆匆过去了，地震带给人们心灵的巨大创伤也在艰难地平复着。苦难正在结束，重生已然开始。是的，灾难很冷酷，对生灵没有丝毫怜悯，毁灭了无数人的家园和生命。但是，生命很伟大，生命的精神巍峨如灾区的座座大山，虽然历经大震仍然屹立不倒。千里迢迢到灾区来陪护帮助地震伤员的曲纪伍证明了这一点；把小菲菲视如己出百般疼爱的廖凌证明了这一点；倾尽所有为震区的孩子们做心理疗伤的肖峰证明了这一点；虽只有 17 岁却离开家人只身留在震区为灾民服务的侄子证明了这一点；还有这一年里同我一样以各种方式参与到地震救援和灾后恢复重建中的所有人也都证明了这一点。是的，只要精神不倒，只要灵魂活着，生命就可以重生，未来之门就一定会在前方等着你去叩开。万事皆然。

我就这样走过了我的 2008 年，而我的内心却仍时时在 2008 年驻足，就是从这一年开始的一份缘，一份同公益结伴、与慈善携手的缘，在自己的自觉和不自觉、经意和不经意间已经悄然起步，一走，就不曾停歇地走到了 8 年后的今天，并且还在朝着明天继续走着……

随心而动

董明珠

一　从白衣天使到攀岩冠军

我来自十三朝古都牡丹花城——洛阳，家里兄弟姐妹五人，我排老五，除了爸爸妈妈，同住的还有奶奶和大伯。作为家里的老幺，我被欺负，也被宠爱，在和兄弟姐妹"斗智斗勇"中，我逐渐形成了霸道、独立、爱冒险的个性。父母成天为生计奔波，我们兄妹五人都是奶奶带大的。

在人的成长中，总有一些人和事会在生命中烙下印迹。对我来说，奶奶、旅行探险、信仰，对我的成长产生了深刻的影响。

奶奶是我生命中很重要的人。从蹒跚学步到长大上学，陪伴我最多的是奶奶，因此，我和奶奶的感情很深。奶奶眼睛不好，我就是给奶奶引路的小拐杖。奶奶身体一直都不好，也没到医院好好看过，家人认为是年纪大了的缘故，当然，更重要的是因为家里经济紧张，奶奶就拖着忍了20年之久，直到倒在床上不能起来，才到医院查出白内障和糖尿病，但错过了最佳治疗期，只能与疾病终身为伴，靠简单的药物维持。看到奶奶遭受病痛的折磨，我曾经的梦想就是做一名白衣天使，能够救死扶伤，帮助人们免除疾病的痛苦。2003年护理学院毕业，真正成为一名护士后，我才发现当上护士的我并不能像女侠一样救死扶伤，而是每天穿梭于病房给病人扎针、换床单。现实与梦想之间巨大的差距，让我陷入迷茫，我到底要做什么？

旅行探险对我关于人与自然关系的观念转变起到至关重要的作用。曾经我天不怕地不怕，对"征服大自然"深信不疑，并通过探险身体力行这种认知。我在"绿色营地"论坛中网名叫"驴友紫男"，工作之余，我每周都会背着旅行包，带着帐篷进山探险，几年间把河南省周边的大山小山都跑遍了。但是，当我真正走近自然，特别是经历了两次与生死擦肩而过的事故后，才发现在大自然面前我们是如此的渺小，从此开始深深地敬畏自然。

虽然从事护士职业，但我并没有变成心目中的"天使"。让我难以接受的是，面对交不起药费的病人，我会拖着不给药，不给输液，拖到病人和家属急得不行的时候，才不得不告诉他没钱是不会给你输药的，因为我们医院是厂矿医院，是要自负盈亏的。但是，这种做法与我的信仰和当白衣天使的初衷相去甚远，不久我就辞了职。辞职后，我开过书店，主要出售基督教方面的图书和礼品，一度喜欢骑自行车周游，后来迷上了攀岩，2008 年 1 月还获得女子攀岩比赛冠军，汶川地震前我在阳朔攀岩一个月。

二　热血奔北川

2008 年汶川地震那天，我正在一位同学家做客，他家住在六楼，突然桌子、凳子、灯都开始摇晃……最初我们以为是有人在摇晃或是放炮震的，但很快发觉不对，上网一看，各地驴友在 QQ 群里都"炸"了：晋城地震了，西安地震了，上海地震了，郑州地震了，开封地震了，洛阳地震了……往楼下一看，人越聚越多，确实有地方发生地震了。我们继续关注网上的信息，知道地震的震中是四川。

看到电视报道呈现的惨烈画面，我和同学禁不住泪水直流。得知灾区紧缺医护人员，我第二天就想办法联络救援人员前往参与救援，很快联系到洛阳户外救援队队长，得知河南户外救援队有 5 个人即将出发到灾区的消息，我赶紧报名，还拉上一位在监狱做狱警的女孩。因我有户外救援的经历和护士资格证，很快获得了批准。13日凌晨，我们一行7人开着金杯车出发前往四川。河南户外救援队队长的网名叫"岁月无声"，他送我的网名为"自由自在"，我们是在探险救援中认识的，因为大家有共同爱好，所以很快就融在一起了。我们约定此次救灾实施AA制。原来预计24小时的路程因沿途道路多处被震坏而改走国道，最后实际用了40多个小时。

5月15日中午我们到达成都，带着中国登山协会证明，跑了四川省政府、民政局等机构，最后，红十字会分派我们前往绵阳市。来不及吃午饭的我们马不停蹄地赶往绵阳。下午3点左右，我们赶到了绵阳火炬广场，志愿者报名点、灾民安置点、救援部队、医疗点、通信点布满广场，我们好不容易找到绵阳救灾指挥部，领取通行证和接受任务派遣。我们被派往北川县城，心里直犯嘀咕：汶川才是震中，是重灾区，应该去汶川。派遣领导说："快去吧！那里受灾严重！"我们赶紧奔往北川县城。一路上不断遇到往前赶的志愿者、军人、医护人员和往后撤的老乡，马路两边不断出现倒塌的房屋，我整个人都是懵的，其他队友也不说话。沿途有多处关卡，每经过一个关卡关于灾情的消息就越多，离目的地越近越能感受到灾情的严重性，我也越感到恐惧，也不知道怕什么。现实超出我的想象：马路越来越堵，车子越走越慢，尽管进出的车子需要通行证，但也挡不住骑摩托和步行的志愿者，① 我们只能一部分人下车步行，一部分人继续跟车前行，在这争分夺秒的紧急救援阶段，生命通道的堵塞大大延缓了生命救援的进度；马路两边到处堆积着方便面和瓶装水，矿泉水瓶子和泡面盒等垃圾也随处可见；停车区兼具停车、住宿、吃饭等功能，上厕所非常难，由于人太多，厕所太少，隐蔽的区域或危房区域也就成为方便之处，男生上厕所比女生方便点，这时体现出男生的优势。

终于到了北川。尽管有思想准备，但我们还是被眼前的情景震惊了，整个县城完全成为一片废墟，倒塌的房屋，破碎的家具，还有在废墟下的伤者和尸体。面对如此情景，我深刻感受到人太脆弱、太渺小，人必须敬

---

① 灾难发生后的前三天，应该根据不同灾难主要由专业人士参与救援，而没有专业救援能力的热情志愿者不要蜂拥而去。

畏自然。指挥部安排我们在北川中学指挥部的旁边搭帐篷扎营。远看学校操场满是遇难学生遗体，听着挖掘机的声音，我都快窒息了。穿过拥挤的人群，我们进入北川中学，虽然在医院的时候我看过很多的死亡，曾经的户外探险也经历过"两死五伤"的事故，但是眼前的情景给我带来的震撼和刺激和以往是完全不一样的。

面对如此惨烈的灾难，我们能做的很有限。实际上，在紧急救援阶段急需的是：大型机器设备，搜救犬和生命探测仪，能抢救、医治和护理伤员的专业医护人员，心理素质强、体力好能抬伤员和遇难者的志愿者，或者虽不专业或体力不好但可清理垃圾和照顾伤员的志愿者。人们都在忙于救灾，连睡觉和吃饭的时间都没有，我们焦急地待命，在正式任务下达之前试着找些事做，看到旁边绵阳市特警队和中国国家救援队队员吃冷水泡面，我们就用带来的户外炉头和气罐为他们煮泡面和烧热水。特警队队员的家都在绵阳附近，许多队员的家都遭了灾，但这些可爱的人在地震后就在一线救灾，一直没有回家看看，有的队员联系上了家人，有的队员未能联系上家人，真是舍小家为大家。

不久，我们接到正式任务投入救灾工作。记不清是 20 号还是 21 号，当时我正在北川擂鼓镇，曾遇到过一次 6.7 级的余震，余震后的天气特别炎热，接着又开始下暴雨，大家就特别担心，害怕出现疫情。

三　护送水利专家行动

为了搞清唐家山堰塞湖的情况，一支由来自全国各地的水利专家组成的队伍要到唐家山堰塞湖勘察。考虑到我们是比较专业的户外救援队伍，北川救灾指挥部就派我们护送和协助水利专家工作。

第一天（2008 年 5 月 17 日），早上 7 点我们带着攀岩和急救的装备到北川指挥部与水利专家会合。我们一行共 14 个人，其中 6 名水利专家，领队代老师来自绵阳，是他最先通过航拍图片发现堰塞湖，另外 5 名专家来自武汉、北京等地区；我们河南救援队有 5 名队员，还有 3 名指挥部派来的士兵，我是唯一的女队员，主要做随队护士。8 点左右我们正式出发。

　　凭着救灾指挥部出具的证明，我们顺利通过北川县城关卡。关卡附近的水泥路一半高一半低，路面散落着大大小小的石头，还有不少被砸坏的汽车和摩托车。大家只有一个念头：赶快走过这一段路，分不清是泪水还是汗水顺着脸颊不住地流，现在开车只需 10 分钟的路程，当时走了两个多小时。

　　出了县城，需要跨过一条河流，河水流量不大，但很浑浊。吊桥已经被震坏，我们只能借助爬山梯跨过障碍拉起吊桥的绳子才能通行，即便如此，吊桥仍然摇摇欲坠，不能同时让许多人通过，大家只能分散开慢慢通过，差不多用了 20 分钟才过了桥。过了河，气味明显减少，可是，道路被泥土石头掩盖得看不清，我们只能踩着大大小小的石头前行。在我们头顶上直升机在盘旋，空投的救灾物资就落在附近。天气很热，我想脱下头上的安全帽，但又不敢，对面半座山有要垮的趋势，我们不敢贴着山脊走，因为随时有山石滚下来，只能走河道中间。专家们边走边定位边做测量，我们则随时观察四周的情况。真是怕什么来什么，突然发生了余震，没处可躲，大家本能地蹲下，"轰"的一声，只见对面的山垮了一部分，虽然离我们还有一段距离，但还是很吓人。因为需要测量，我们的行进速度很慢，下午 2 点多到达山顶。从山顶看下去，能清楚地看到山体有许多裂缝，成为一片废墟的北川县城尽收眼底，我心里满是凄凉。专家们测量完所需的数据后，我们在山顶留下了唯一的合影，虽然现在我已经叫不出每个人的名字，但他们的面孔都烙在我的脑海中。

　　我们原计划是从苦竹坝水电站速降前往堰塞湖，但山体已经裂开，而且水电站的一半已经被山体掩埋，十分不安全，这条道是走不通了，绕道前行时间长，还需要过夜，而我们又没有准备露宿的设备，只能返回县城另做打算。

　　回到县城已经下午 4 点左右，令我们惊讶的是，此时的北川县城与我们上午出发时的情形很不一样，撒满路面的石头已经被移开了，遇难者的遗体也没有了，清理的速度真快。离关卡还有 800 米，这时，关卡那边有一群人朝我们走过来，当他们经过时，我本能地想凑近看，被安保人员挡住了，我吃了一惊，原来是胡锦涛总书记。胡锦涛总书记一脸沉重地朝我们挥了挥手，继续疾步向北川县城走去。我非常敬佩总书记能在第一时间到达重灾区。因为要赶快向指挥部汇报勘查情况，我们不敢耽搁回到指挥部。

第二天，指挥部重新分配了任务，我们和前一天到达的河南户外救援队第二梯队的 23 位队员整合统一行动：一部分男队员护送水利专家取道水泥厂进山到堰塞湖勘测；一部分队员被分派到北川县城参与搜救；具有通信专业技能的队员带领几位队员在关卡和老县城中间架起"中继"，解决山上的队伍或救援队与指挥部直接对话问题；我和另外一位女队员则被分派到指挥部协助搜集灾情信息。

搜集灾情信息就是接听求助信息，汇编后提交给指挥部，再由指挥部安排部队或救援队去救助。这个工作对我来说最大的困难就是语言交流，因为不懂四川话，我要费很大的劲儿才能弄明白对方的意思。一个上午我们就接收了几十条消息，有几条至今我还记得：一条是有关旅游大巴的信息，这辆载有 30 多人的旅游巴士因遇到塌方被困了 6 天，车里已经没有任何食物，车里的人好不容易爬到山顶有点信号才打出求救电话；一条是一个村子有 300 多人被困，其中一位老人被困在倒塌的屋子里……面对一条条求救信息，我们一边认真记录，一边安慰被困人员，将求救信息汇编提交给指挥部。

中午收到护送水利专家的队友发来的信息，让我们备车接专家们回来，因为经水泥厂往堰塞湖的路无法走，只能再想别的办法。下午 3 点左右我们正在北川中学等待，手机转发来一条信息，说是堰塞湖垮堤，北川将会被淹没。我们一惊，赶紧联系与水利专家在一起的队长询问情况。专家们虽然还没到堰塞湖，对详细情况不是很清楚，但估计堤还没有垮，垮堤的信息是谣言。尽管听了权威专家的话，但是"三人成虎"，看着很多人开始逃亡，我们也有点害怕。我们也想跟着跑，可是有接专家的任务不能离开。接到专家返回指挥部途中还能零星碰到一些奔跑的人，我们问他们从哪里得到垮堤信息的，有人说是听别人说的，有人说是收到了垮堤短信，还有人说是看别人跑就跟着跑的。垮堤的信息就是个谣言，但是，刚刚经历过巨大灾难的人们宁肯信其有而不肯信其无，更何况在信息不通畅的情况下，人们是何等的恐惧。

回到指挥部，专家们去开会，我们等消息。再一次来到北川中学，第一次到北川中学看到的惨景历历在目，我曾经再也不想进入这个悲伤之地，但这时我心中有许多牵挂，于是鼓足勇气进去。废墟上的搜救和清理工作已经完全由部队官兵在做，四周搭建了许多帐篷，分出不同区域：医疗区、消毒区、遗体DNA采集区、遗体存放区等。遇难学生的遗体大部分被运走，但是现场仍然有许多焦急地等待孩子们消息的家长。看着家长们焦急的神情，我不由得想起了自己的父母。我到灾区来没有告诉父母，想必他们也非常焦虑和担心吧！我拨通了家里的电话，说了什么已经记不清了，只是记得妈妈哭着接电话，百般嘱咐我注意安全。很快，指挥部的决定出来了，明天派直升机直接送水利专家进堰塞湖。这样，我们的任务结束了。

护送专家行动期间，还有两件事让我印象深刻。第一件事是认识了洛阳老乡QQ刘。QQ刘原本在老家伊川县开了家洗车店，日子过得不错，地震后，开着自家的QQ汽车带着4位乡亲进入灾区救灾，清理过废墟，搬运过遗体，清扫过马路，看到有什么需要做的就做什么，多数时候他们吃饭就是冷水泡面，偶尔能领到饭，15个人挤在一个2平方米的帐篷里，因为没有办法洗澡，帐篷中充斥着各种气味。我问他累不累，他说累但更想为灾区尽自己的微薄之力。虽然我不主张在紧急救援阶段那些没有专业技能和自力更生能力的志愿者贸然进入灾区，但是那一刻我还是被他们感动了。第二件事使我对人性的多样性有了更多的认识。那是我们第一天护送专家返回县城的途中，在县城关卡附近看到两个被警察抓到的人，他们抱着头蹲在地上，双手戴满了戒指，身旁还有现钞、项链和十来部手机。从警察那里得知，这两人来自受灾较轻的村庄，趁重灾区比较混乱来盗窃，发国难财。我本以为灾难激发了人们的悲悯心和爱心，但是，在巨大的灾难中依然能看到人性的复杂性。

四　二进灾区

2008年5月19日，已经经历了连续几天的酷热，此时，我最大的愿望就是能洗个澡。不知是不是上帝听到我的祈祷，这天下午终于下雨了。可是，雨持续地下，到了晚上变成了暴雨，我们不得不把帐篷收起来，全体人员挤在车里睡。夜里雷雨交加，不断传来周边山体轰隆隆的垮塌声，大家开始议论，如果发生瘟疫，染上瘟疫怎么办？这时，紧挨我们营地的中国移动的信号车准备撤离，又有人开始担心，如果信号车都走了，手机没有信号，与外界失去联系，再加上可能出现的瘟疫，我们这些民间志愿者可能不但不能给灾区提供帮助，反而成了灾区的负担。两位队长紧急商议，做出撤离的决定。我们紧跟移动信号车从北川往绵阳走，一路上又是暴雨又是塌方，想想都后怕，终于在 20 日凌晨 3 点到达绵阳火炬广场。向绵阳指挥部汇报完情况后，我们踏上了返回洛阳和郑州的路。

因为太累，一路上我们除了吃就是睡，20 日当晚就到了西安。从宾馆的电视上我看到仍然有许多部队官兵、各专业救援队以及志愿者奔赴灾区，也更加了解到灾情的严重性，一种当逃兵的羞耻感涌上心头，我不断在心里自责：为什么别人还在进去的时候我却撤离了？难道我真的是怕被传染瘟疫？还是我怕其他什么？当即我就向两个队长请求重返灾区。队长以服从集体安排和灾区危险为由拒绝了我的请求。我决定先回洛阳，找机会再去灾区。

回到洛阳，网友"绿色营地"特地为我安排了接风宴。席间得知河南户外救援队即将派第三梯队前往灾区救灾，未等散席，我就动身赶往集合地点与河南户外救援队第三梯队医疗队会合，没想到这场接风宴变成了送行宴。从回到洛阳到再次前往灾区前后加起来不到 3 个小时，现在想想自己太自我了，已经到家门口了也没回家看看，老是让父母担心。

第三梯队是河南户外救援队和中国民基会、中国民政部紧急救援促进中心联合组建的，队员主要由医护人员、防疫人员、心理咨询人员和物资运送人员组成，主要任务是运送价值 4 万多元的救灾物资以及直接为灾民提供实地援助，同时为后期的援助做实地考察的工作。5 月 20 日晚三路人马会合完毕，21 日凌晨踏上前往四川灾区的路。在汉中高速，当地政府为抗震救灾车辆开出一条专用通道，许多大车司机不得不排队从高速转走国道，但他们都很配合毫无怨言，还不时向抗震救灾的车辆挥手致敬！我们奔驰在畅通无阻的高速路上，不断看见同样驰往灾区的车辆，让我不禁为我们这个有爱的民族感到自豪。

22日早上10点我们到达绵阳指挥部，见到指挥部的鲁秘书长，他得知我们是河南户外救援队第三梯队时，很激动地用沙哑的嗓音说："感谢你们的到来！"并在派遣文件上批复"援助擂鼓镇"。我们把大部分物资移交给绵阳物品捐赠接收处后，就驱车赶往擂鼓镇。

一路上到处可见倒塌的房屋，道路已经被部队抢修了出来，但道路两旁随处可见凌乱的巨石，路面上不时出现大大小小的坑，最大的直径足有三四尺，我们的车队小心翼翼地绕过这些坑，还要随时观察是否会有落石滚下。一个半小时后，我们到达了擂鼓镇，举目望去，这里几乎没有一幢完整的房屋，到处是令人触目惊心的废墟，个别没有垮的房屋也是摇摇欲坠；废墟上到处可见灾民在扒埋在废墟下的物品。据说，擂鼓镇有400多间房屋被毁，100多人在地震中死亡或失踪。面对如此惨景，我的心不禁颤抖、疼痛：即使费尽自己最大的力气，人们又能从钢筋混凝土的废墟下扒出多少自己辛苦攒下的家当呢！

当天指挥部没有安排我们具体的工作，只是跟我们协商要求我们的车辆与司机随时待命，同时要求我们抽调两名队员去指挥部协助工作。大家心急如焚，为了更快地投入工作，搭建完第三梯队的大本营后，先做了内部分工：一部分人由医护队长带领进山发放药品，并提供相应的服务；一部分人到指挥部协助工作；一部分人帮助灾民运送从废墟下扒出来的物品。当晚我们住在帐篷里，突然帐篷剧烈抖动了起来，几秒钟便停止了，大家都知道这是余震。像这样的余震，我们后来还遇到好几次。

23日大家起了个大早，我和另外一名女队员被分派到指挥部。当再一次回到指挥部时，我看到指挥部依然是那么忙乱，犹如战时指挥所一样。络绎不绝前来求助的灾民挤满了屋子，有寻找家人的，有请求解决住所的，也有进行户口登记的，还有领取物资的，更有捐物捐钱的，此外还有来自全国各地来报道的志愿者。连续工作数天的几位负责人显得非常疲惫，但仍在坚持，我心里有说不出的心疼。因为近水楼台先得月，我们把任务先派给自己的队伍。很快，大家忙碌了起来。有的被要求与北京"中国扶贫开发协会"一道清理河道垃圾和营地环境；有的被派往一名参加过抗美援朝的老兵家，帮助他把饿死的猪埋掉；医疗小分队则被派到一个叫许家沟的村庄。除了完成指挥部分派的工作，只要有我们能做的事我们都尽力而为。

指挥部旁边坐着几个孩子，表情显得茫然且无助，我们试图跟他们沟通，找来一些纸和笔让他们画下自己喜欢的东西，渐渐地孩子们跟我们熟悉了起来，越来越多的孩子聚拢过来，我就把他们带到了一个空地分组做游戏。看到孩子们投入又开心的样子，我多么希望没有发生这场灾难啊。中午与孩子们分手时，孩子们问："姐姐我们还能再这样玩吗？"我鼻子一酸，眼泪险些流了下来，如此简单的快乐，对灾区的孩子来说竟然那么奢侈！一个叫席天恒的 8 岁孩子悄悄地对我们说："姐姐我好想上学啊。"我的眼泪终于没有憋住，抱着他说："会的，很快你们就能上学了。"看着孩子们远去，我待在原地一动不动，内心百感交集。

在一片废墟上，有一位老人带着一个年轻小伙子艰难地掀着瓦片和砖块，我们队员上前询问情况，原来，老人已经 70 多岁了，带着孙子想从废墟下扒出自家原来的被子，因为他们晚上没有被子可盖。队员们把老人接下来，并帮老人把埋在废墟下的被子衣服全部挖了出来。

在擂鼓镇中心小学，有几位老师正从危房里往外搬家具，见到我们路过，就请我们的队员帮忙，队员们毫不犹豫冲进危房帮老师们把家具抢救出来。在与老师们的交谈中我们得知，擂鼓镇中心小学有学生 90 人，地震发生后，老师们采取了紧急疏散措施，仅 3 名学生遇难，实属不易。校长熊庭均的儿子在北川中学遇难，可是熊校长强忍悲痛继续履行校长的职责，这会儿，正带领 20 多位老师从危房抢些家具出来，并在校园正中间用彩条布搭了一个棚子作为老师们的临时住所。一位姓陈的女老师，丈夫在地震中被埋在了废墟下，但是考虑到年迈的公婆身体不好，一直不敢把丈夫遇难的消息告诉他们，一个人默默地承担着所有的痛苦。说话间，陈老师的电话响了，是公婆打过来的电话，她赶紧强装镇定安慰两位老人，挂了电话后，终于忍不住失声痛哭起来。见此情景，我只能紧紧地抱着她，不停地为她擦去眼泪，说一些安慰的话。

第二天，熊校长找我们帮忙把在东方纸箱厂的 23 名孩子接回来。原来，学校撤离擂鼓镇时，有 23 个孩子没有家长认领，被部队带到了绵阳市指挥部，后又被前来捐款的东方纸箱厂老板滕云接到厂里，专门安排人照顾。现在，孩子们的亲属想把孩子们接回来。听说是接孩子回家，我们以最快的速度把五辆车清理得干干净净，怀着神圣的心情前往绵阳市。到了东方纸箱厂，当孩子们听说要回学校时，一个个欢呼雀跃："我们终于可以回家了，可以回学校了。"看到孩子们如此兴奋，所有的队员都很激动，能为这些孩子做一些力所能及的事情令人深感欣慰，大家都有一个共同心愿：希望所有的孩子幸福，希望所有的孩子快乐！

回到擂鼓镇中心小学，用来安顿孩子们的军用帐篷也搭建好了，上面挂满了彩色的气球，这顶军用帐篷是我们准备好的，没想到这么快就发挥了作用。学校为了迎接孩子们回来，特地开了火灶，孩子们高兴极了。看见孩子们端着碗在操场上或站着或蹲着吃饭，我的心里又是一阵酸楚。

从 23 日到 26 日，我们每天如此，努力完成救灾指挥部指派的各种任务，又做着力所能及的一些事情。短短几天，我们几个女生发现自己比以前脆弱了，很容易流泪，很容易动感情。记得有一天看到一辆车牌是豫 A 的车，我们备感亲切和感动。一个问候的短信、一个关心的动作或一句温暖的话语，都会把我们惹哭。但是，有在后方的亲人和朋友们的支持，有队友之间的鼓励和帮助，我们不会给河南人丢脸！

由于天气和个别队员身体原因，我们第三梯队决定返回。27 日，与第四梯队交接完工作后，第三梯队踏上了返程。离开之前我们把自己用的军用帐篷给了刚从山里撤出来的禹里小学的老师。看到老师们十几天没有换过衣服，看到他们疲惫无助的样子，我觉得灾区的人仍然需要帮助，特别是在北川中学目睹的惨景给我极大的冲击，以及在擂鼓镇遇到的那些孩子，我想我应该留下来陪着这些孩子，为他们做点事。可是，第四梯队也是短期工作，我到哪里去实现我的想法呢？从河南户外救援队一个驴友群里我了解到洛阳对口援建的是安县，于是我就到安县，那边有那么多老乡，一定能做我想做的事情。

五 爱心图书馆

5月28日，我到了安县，找到洛阳红十字会志愿者队设在安州驾校安置区的医疗点，才知道这里的志愿者数量已经饱和。刘可队长虽然留下了我，但只是暂时安排我负责整理志愿者帐篷的卫生。

打扫卫生不是我想要做的。我曾经开过书店，想利用这个优势为孩子们办个爱心图书馆，陪伴灾区的孩子们度过这段困难的日子。刘队长很支持，通过洛阳红十字会和他们的亲属为我提供了 2000 多册图书，还有象棋、跳绳、跳棋、五子棋、毽子、垫子等物品，但刘队长没办法帮我解决场地、桌椅板凳等硬件问题。我把办爱心图书馆的想法告诉在报社工作的好友，他把我介绍给洛阳对口援建安县队的晚报记者李英杰老师，李英杰老师又把我介绍给洛阳对口援建安县队的指挥长，指挥长把我引荐给茶坪中学李贵刚副校长和桑枣一小的教导处主任曾主任。李校长和曾主任通过努力，硬是在帐篷非常紧缺的情况下协调出 C207 号帐篷给我办图书馆。我真是幸运，得到那么多人的帮助，我想可能是我身上的倔劲儿感动了他们。报社的李英杰老师后来跟我说，因为户外探险和野外救援的经历，我在河南户外驴友中小有名气，他以为我是个高大魁梧的女汉子，没想到见面后发现我竟是个瘦瘦小小的黄毛丫头，还背着一个大大的背包，更没想到这个黄毛丫头内心有如此强大的力量。

C207 号帐篷紧挨着茶坪中学的帐篷，当时虽然中学已经复课了，但小学还没有复课，整个安置区有 3 ~ 13 岁的孩子 200 多人，这真是办爱心图书馆的好地点。洛阳援建队指挥长在建设板房非常紧张的情况下抽出工人给我们做了两条长板凳，李校长为我们协调到两张桌子，洛阳"绿色营地"为孩子捐了几千本图书，洛阳红十字会帮我找了几个做过幼师的志愿者。终于，我的第一个爱心图书馆在 2008 年 6 月 1 日儿童节这天开馆了，取名为"爱心植苗图书室"。帐篷图书馆大约 12 平方米，中间放了两张桌子，两边摆着长板凳，桌子和板凳上放满了图书，泡沫垫铺在地上做凳子，帐篷内部贴满了来自洛阳小朋友充满祝福和鼓励的书信，还有老朋友陈哥带来的"爱心植苗"的条幅，整个 C207 号帐篷变成孩子们温馨的图书馆了。

我们带着孩子们读书、画画、下棋、踢毽子、跳大绳，听孩子们讲地震的故事。每天都有许多孩子来帐篷里玩，从早到晚人流量非常大。曾主任和李校长看到我们帐篷人多拥挤，再加上天气炎热，非常体谅我们，让我们在初中不上课时可以用他们的教室。

爱心图书馆吸引了不少来自全国各地的志愿者。在北川认识的 QQ 刘带着妻子也来了，平时他妻子带孩子们读书，QQ 刘则打扫帐篷的卫生，同时做一些后勤工作。还有在安置区其他学校教英文的老外也常常到爱心图书馆陪孩子们玩。本地大学生刘燕被我们所感动，和我们走得很近，在安置区指挥部做志愿者之余也常常过来，帮着管理图书馆，她还经常从家里带吃的给我们。

一晃半个多月过去了，走了一批志愿者，又来了一批志愿者。到我们爱心图书馆工作的志愿者生活条件都很艰苦。如果来的志愿者是驴友还好，他们大部分自带帐篷，住在自己扎的帐篷里；如果不是驴友，就只能在 C207 号帐篷里打通铺，凳子和桌子下面全是睡袋等生活用品。因为当时在灾区帐篷非常紧张，灾民都没有地方住，就更难安排志愿者的住宿了，所以我们的帐篷白天是图书馆，晚上就是志愿者睡觉的地方。当时是男生和女生混住，有诸多不便，但也是没有办法的事情，能有个帐篷睡已经很难得了。

随着帐篷学校建起来，小学也复课了，6 岁以上的孩子上学去了，小一点的孩子没有幼儿园可去，有的到我们帐篷图书馆玩，有的在安置区到处乱跑。每天 C207 号帐篷最少都有 20 多名孩子。看到帐篷外还有许多没人管、到处乱跑的孩子，我忽然有办个临时幼儿园的想法。我想我虽然不是专业的教师，但幼儿园那些唱唱歌、认认字的事，我们还是可以做的，起码能够给孩子们一些陪伴。于是，我找安置区茶坪乡的高乡长商议，因为有洛阳援建的背景，当地政府对我办幼儿园的事特别支持。这时，正好有一批板房刚刚建好，高乡长专门为我们协调了两间板房。我们计划一间板房做图书室和女生宿舍，另一间板房做幼儿园和男生宿舍。

我们的板房幼儿园可以起步了，但缺少专业的幼教老师。我想起洛阳红十字会郑秘书长，他多次在电话里让我有困难就找他。当我告诉他需要专业幼教老师时，他先后在洛阳帮我们招募了十多位幼教老师做志愿者。6 月 17 日"洛阳红十字会幼儿园"正式建立。我们原计划只招收 25 名小朋友，可是最后报名人数超过 50 人，我们赶紧调整计划，把两间板房都作为幼儿园，幼儿园放学后再做图书馆。

从爱心图书馆到板房幼儿园，我想做的事情都实现了，不是我自己有多大能耐，而是抱有爱心纯粹做事情的人总会有人一路同行。牛娜，一个留着爆炸头的小妹妹，谎称自己是幼教专业的，来我们幼儿园做志愿者。她的性格就像她的发型一样非常的豪爽，喜欢别人叫她小娜姐姐。虽然不是学幼教的，但她小姨是幼儿园园长，因此，她也确实懂一些幼教知识。她和另两位专业幼教老师一起轮流为两个班级的孩子上课。最初一段时间，吃饭对我们来说是个难题，我们当时有个底线就是尽量不占灾民的资源，所以，我们大部分时间都吃泡面。灾民和援建队食堂的大厨是我们幼儿园孩子的家长，知道我们的困难，也被我们的行为感动，就经常做好饭单独给我们留着，我们不去吃，他们就亲自送过来。洗澡对我们来说也是一个难题，当时安区洗澡间和厕所是一体的，2000 多人的安置区仅有 20个淋浴头，还是用太阳能热水，所以我们很难洗得上澡。镇上酒店的老板叔叔就请我们到他酒店免费洗澡。我的日常工作主要是管理志愿者和后勤人员，以及负责对外联络，在老师不够的时候也会帮忙代课。后来我们在茶坪、塔水等安置区也建立了帐篷图书馆，先后一共建立了 4 个帐篷图书馆，有 100 多位志愿者参与其中。

我也一度迷茫过。到 9 月份的时候，学校开学了，一些孩子要到学校上学去了，我们也缺少固定的老师，志愿者经常换，而我既不是儿童教育专家，又不是心理专家，这些都让我有点不自信。要不要继续留下？留下来的必要性是什么？能留多久？书店怎么办？一连串问题常常困扰着我。有一天，有个孤儿抱着我问："姐姐，我能叫你妈妈吗？"叫我妈妈，这对单身的我来说虽然有点难为情，但这又何尝不是因为这些孩子需要我们的陪伴！一位来自上海的志愿者大哥也给了我很大的鼓励：我们在 3 个月的时间里陪孩子们玩耍、看书、做游戏，孩子们的心已为我们打开，完全信任我们，这也许能起到心理医生起不到的作用。是啊，我想那么多干什么啊，陪伴那些孩子们，与他们度过最困难的日子，不就是我的初衷吗！我欣然接受"妈妈"的称呼，后来50多个孩子都叫我妈妈，"紫男妈妈"成了孩子们对我的称呼。

六　爱心家园

半年后，洛阳援建队给我们幼儿园捐赠了11间板房，每间大约12平方米。这些板房原本是洛阳援建队队员的宿舍，腾出来给我们，一是给我们办幼儿园用，二是让我们改善一下居住条件，因为我们十几个人挤在一间板房里实在太艰苦了。可是不久我们的志愿者开始陆续离开，最后只留下4个人愿意跟我继续做下去。而继续做幼儿园需要专业老师，我们又不具备这些条件，这让我很纠结。我还要不要在灾区继续做下去？如果继续做，又做什么呢？都得想清楚。有一段时间我的压力非常大，又不想让人看出我的软弱，常常一个人躲在被窝里哭，生怕别人知道，所有的压力只能自己扛。

后来得知原先在擂鼓镇的广州小羊儿童之家幼儿园正在寻找新的地方继续做3年免费幼儿园的计划，我决定把幼儿园转让给他们做。我与孙园长取得联系，让她争取高乡长的支持。最后在征得洛阳援建队同意后，我把11间板房全部转让给小羊儿童之家幼儿园。这样，我们幼儿园就由小羊儿童之家幼儿园接管了。

爱心图书馆是否要继续做？正当我为此苦恼的时候，郑州出版社提出愿意支持我们做图书馆的项目，这真是上天给我们的恩典，我的爱心图书馆可以继续做了。现在想想，很多时候不是我想做什么，而是被一双双手推着，这里面承载着许多人的愿望，我不能辜负他们。我们4个人商议定了个3年愿景：透过图书来陪伴孩子们走出地震阴影，引导他们接受爱、认识爱，传播爱。我们的口号是让爱走动，让爱传播。

想要做得长久，就必须结束我们自己颠沛流离的生活状态。我们4人商议先改善住宿条件。家长们知道我们的打算后，纷纷发动身边的资源为我们找房子，最后我们在离板房大约 10 分钟路程的地方租下一套二楼两室一厅的房子。我们采购了洗衣机、热水器、厨房用具等，分配了男女生宿舍，我们把我们的家取名为"爱心家园"。有了稳定的家，我们的心也更坚定了。

我们做了分工，苗苗和菲比管理塔水安置区的图书馆，小娜管理茶坪的图书馆，我和康艺管理桑枣安置区的两个图书馆。康艺是位男生，来这里是想要支教，我们中间没有男生，但我们还是欣然接受他成为家庭成员，并帮他联系到村小松林小学任教。周一至周五康艺在学校上课，周末参与我们的工作。由于我们人员少，项目地又分散，最远的茶坪，一旦遇到暴雨十天半月出不来也进不去，图书馆就可能停摆。那时我们还没有学习社区发展，不晓得什么叫社区动员，但是看到社区有失学的儿童或赋闲的青年，我们就找他做我们的志愿者，再从中选择图书馆管理员。

我们挑选的第一个管理员叫曾平（化名），是小娜在探访时发现的。刚见曾平时，他看起来像 12 岁左右，可实际年龄已经 15 岁了，肚子大得像孕妇。经了解，他家在板房后那座大山上的铜钱村，父亲是聋哑人，他 3 个月大时被聋哑父亲抱养，为的是给他养老。据说，他小时候误食老鼠药，抢救过来后肚子就开始大了。肚子太大时，只能到医院抽去腹中积水和吃些便宜的治疗肝脏的药来缓解痛苦。由于身体的原因，他没法上学，因为营养不良，看似只有 12 岁左右。我们不是专业社工，不知道如何跟进曾平这个个案，能做的就是陪他父亲带他到医院检查，才知道他真正的病是心包炎（心脏包膜钙化）。医生说只要去除心脏表皮钙化的膜，病就会好，可是手术费用需要 3 万多元，他家实在付不起这笔医药费。我们一边让他在图书馆做志愿者，还教他一些医药卫生知识，一边为他筹款做手术。我们的爱心感动了很多人，上海的阿姨们为他捐赠 3 万多元的医疗费。手术前需要签字，可他父亲恰巧摔伤无法到医院签字，我们找到他三爸（表叔），他三爸来不了，让自己的妻子来签字。我知道他三爸和三婶敢签这个字，完全是信任我们，因我们与政府多次合作，三爸又是他们组里的社长，了解我们。每当看到曾平期盼康复的眼神时，我都说自己天不怕地不怕，而此时此刻却怕得要死，想到医生说曾平上了手术台有可能下不来，而且心脏手术存活概率只有10%，无形的压力让我心慌意乱。三天三夜我都无法睡觉，头发大把大把地掉，整个人非常焦虑，满脑子想的是一个活蹦乱跳的人如果下不了手术台，我如何向他的父老乡亲交代？还想到我们是否会因此事无法在桑枣镇继续开展工作，以后该怎么办？手术那天，我们整个团队所有的人都来了，还接来三爸三婶，他们都在手术室外等着，我却借口太累躲到医院旁边的小旅馆，我知道我怕那种等在手术室外的焦虑感。可是，尽管三天未眠非常累，躺在床上，我却无法入睡。此时，我才真正体会到煎熬两个字的含义，真是度时如年。躺了1个小时，经不起煎熬，我又跑到医院外面等，3个多小时后，曾平终于从手术室出来，送进ICU重症监护室观察，手术很成功。我们一群人抱在一起大哭，我整个人都软了，路都走不了，队友把我送到旅馆，一上床，我就睡着了，睡了5个多小时后又满血复活了。曾平康复后提出想继续上学，原先支持他医疗费的上海阿姨又帮他筹集了学费，一直支持他读到高中。虽然最后由于种种原因曾平没有完成高中学业，但是想到他健康地活着，我觉得所做的一切就是值得的。

除了曾平，我们还帮助了许多像曾平一样需要帮助的人。肖平是一个16岁初中未毕业的女青年，我们教她做儿童工作，送她去接受专业知识的培训，最后她被镇上幼儿园招聘为幼儿园老师助理。燕儿，大专毕业后希望能进大学继续深造英语，可家里认为女孩子没有必要继续上学，我们多次探访她家，说通她父母支持她上学，并为她筹集第一年的学费。她现在受聘在非洲的一个中资企业里做翻译。娟儿，地震中房屋倒塌，家里贫困，初中毕业后可以上中专学习广告设计，但她不想给父母压力，决定辍学。我们多方筹集跑断腿，终于筹集到她3年中专的学费，使她得以继续上学。现在她在成都某广告公司做设计，薪资比我还高呢！蕾儿，母亲在地震中遇难，一年后父亲伤痛喝酒过度而去世，弟弟仍读初中。她曾经学习非常好，可是因家里遇到的灾难心里过不去，成天哭，考上二本大学也没有去上，天天待在家里。她舅舅是我们的司机志愿者，看着蕾儿一个人天天在家哭，他就找我们帮帮她。我们邀请她做我们的图书馆志愿者，经过一年的陪伴，她走出了心理阴影，报考绵阳师范学院成人大学，完成学业后在成都某企业工作。另外，我们还与慈善行动机构合作，支持 200 多名学生一年的生活费。把爱传播出去是我们的心愿，面对一个个鲜活的生命，我们不能无动于衷，能够陪伴他们走出阴霾是我们的荣幸。

2008 年的经历是我最不愿意回顾的，因为看到了太多的悲伤痛苦，看到了太多人的无助和脆弱，我曾经想把这些记忆深深地埋藏心底，如今重新回忆起来，它们又成为我继续前行的力量。

我和灾难有个约定

周文国

　　说起我与灾难的约定，不得不提到 2006 年我们以南江黄羊发展专业性协会的名义与国际小母牛项目组织合作开展的农村扶贫发展项目。我们选择四川西北山区作为我们的扶贫点，并于 2007 年成立了秦巴乡村发展研究中心。四川省巴中市南江县城北部山区，这里山高路陡，交通不便，经济发展较为落后，但风景秀丽，还有丰富的草山资源，具有发展草食家畜的良好的自然条件。我们在这里建立了两个互助小组实施国际小母牛项目——大巴山区农村扶贫发展项目，其中一个紧邻九龙山风景区，另一个在小巫峡景区附近。具体的做法就是建立农民互助组织，扶持 20 户养羊户，由项目给每户资助 15 只南江黄羊，通过养殖南江黄羊帮助农户提高家庭经营能力，并结合一系列活动实现家庭增收、社区和谐、环境美丽、经济繁荣。由于项目成效显著，2007 年冬季，南江县专门召开了一个大型的推广会，在全县范围推广该项目的农村社区建设方法和礼品传递①的扶贫模式，同时，巴中市也把这种模式作为农村扶贫的典型进行推广。直到"5·12"地震前，大部分养羊户的羊群都发展得很好，没想到，一场地震把我们的扶贫工作与灾后救援和重建联系起来。

---

①　一种扶贫模式，接受资助的农户在完成自己家庭发展任务后将获赠的家畜禽连同自己学到的技术及经营能力一并传递给下一批需要扶持的项目农户。——笔者注

一 亲历灾难

在"5·12"地震之前，我从来没有经历过灾难，对灾难的记忆停留在两个事件上，一个是 1976 年的唐山大地震，当时我才 13 岁，正在读初中，对于地震没有多少直观的认识，印象最深的是晚上大家一起在院坝里搭起棚子睡觉，还有些人家半夜起来煮肉吃，觉得很好玩。至于对地震的认识，大都是从大人的"龙门阵"中知道一星半点，特别是从大人的神情中看到了对灾难的恐惧。第二个是 2007 年我们到南江县赶场镇齐平村为小学生送冬衣和文具的时候，听当地人谈到 1974 年村里发生的特大泥石流灾害，造成全村 157 人全部被掩埋，那次灾害还惊动了国务院，周恩来总理都亲自做了批示。至于我本人从来没有亲历过灾难，总觉得灾难离自己很远，更不会与之扯上干系。

2008 年 5 月 12 日我亲历了人生中第一次灾难。当天中午一阵剧烈的震动将我从睡梦中惊醒，整座房子都在晃。爱人高声叫："是哪个在做啥子哟？"妹妹回应道："可能是哪家在搞装修嘛。"我翻身坐在床沿上，有些坐不稳，凭直觉我判断是地震发生了，不由自主地高呼："是地震！"

爱人赶忙叫醒正在午睡的女儿，和住在一起的妹妹、妹夫以及外甥女赶紧往楼下跑，等我把衣服穿好，他们就已经跑下楼了。我家住在城中心一座 10 层楼房的第 5 层，3 层有个平台可以直通到街上，我一路挨个查看房间，确定人都跑出去了，就冲下了楼。

到了楼下，只见外面街道上黑压压站了很多人，个个都面露惊恐的神色。一位摆摊的女裁缝正在绘声绘色地给人们讲述刚刚经历的惊恐一幕："电线就像跳绳一样，房子就像被风吹得摇来摇去的树一样摆动，再震几下就要倒了，太吓人了！"朝远处望去，四处人头攒动，不少男人裸露着上半身，一些女人披着毛巾被；人们的尖叫声、女人和孩子的哭声、汽车喇叭的声音混成一团；人们争先恐后语无伦次地讲述着地震发生那一瞬间自己的处境和心情；好多人焦急地拨打电话，但没有一个人能够拨通，通信的中断更加剧了人们的焦虑和烦躁；许多人流露出茫然、无助和无奈的神情，焦虑和恐惧塞满了每个人的心。我惊异地发现我爱人居然是一只脚穿着拖鞋，另一只脚穿着高跟鞋，已经读高三的女儿倚着妈妈的肩不敢放手。

我确定发生地震了，但不知道地震发生在哪里，也不知道地震强度有多大，心里很惶恐。稍稍平复一下后，我赶到办公室去上班，办公室的墙壁上裂开了一道道口子。上上下下查看了一遍，确认暂时没有危险后，我就在办公室静静地等候消息。下午4点左右接到通知："下午不上班，各单位清点人员并做好防余震的准备工作。"我立即赶回家，紧接着，一家人也陆续回来了。

震后一两天，各单位都不上班，学校也停课，但是，人们不知道还会发生什么，特别是通信中断后，信息的传输渠道被阻塞，谣言四起，更让人人心惶惶。南江是一个山区县，地震后到处都是塌方、滑坡，县城到大部分乡镇的公路都中断了。我是第一次亲历这样的灾难，有些手足无措，在办公室上班总是心不在焉，晚上开始失眠。

亲历这次地震后，我深刻体会到：灾害无常，灾害就在我们身边。但是，我们对灾害却是知之甚少，大多数民众缺乏防范灾害的基本知识和能力，在灾害发生时显得手足无措，更不懂得人类自己选择的生产方式、生活方式与灾害的发生有着密切的联系，不懂得灾害的发生发展是有规律可循的。所以，在灾害多发地区普及防灾减灾知识是中国目前迫在眉睫的事情。

二　心系落垭灾情

南江县虽然不是"5·12"地震的震中，但也是此次地震的重灾区。地震给我们的扶贫项目带来什么影响？我们帮扶的贫困户安全吗？他们的羊怎么样了？我们带着满心的焦虑和重重疑问，于5月14日早上兵分四路到两个项目点和几个合作社开展灾情调查和评估，其中我带队到落垭开展调查。

我一大早开着车往城外走，一路寻找加油站，只见城市空旷地带、广场和滨河路等地都密密麻麻地搭满了帐篷，早起的人们在叠被子或往家里搬东西，人们的表情举止没了平日的欢乐和平静，到处笼罩着一种令人压抑的气氛。我们在城边转了近一个小时，找了 3 家加油站才加到油。出了县城，沿路到处都有塌方，有些路段被塌下的泥石占了大半，造成通行困难。9 点多，我们正要翻越"二道关"，遇到交通堵塞，原来山上滚落的巨石阻断了道路，刚刚到达的大型推土机正在排石疏路。我们下车向施工人员询问道路情况，得到的反馈是：5 月 12 日下午开始就出现堵路的情况了，一直都在疏通，现在小车勉强可以通行了。"有些地方比较窄，你们通过的时候人可以下车走路，驾驶员一个人开车过去，注意山上还在滚石头，你们观察着通行。这几天最好少出门。"施工人员好心地提醒我们。

我们在落垭社区办了两个互助小组：落垭互助小组和土潭河互助小组。我们先到土潭河互助小组，小组长已经把 9 家项目户的代表和村社干部召集到一起了。我们的到来似乎给他们带来希望，他们争先恐后地向我们诉说地震来临时的感受和地震以来几十个小时的紧张心情。"山上到处都在滚石头，我家的羊子被砸死了 5 只，还有 8 只找不到了。"项目户岳大柱说。"天啦，咋个这么吓人哦，我这一辈子都没见过这阵仗。"70 多岁的岳大万惊魂未定地说道。

我们接着绕道前往落垭互助小组，沿途更加险峻，由于是盘山公路，从柳垭子到老桥亭一段有多处塌方，行进中不时看到或听到飞石滚落，一行 4 人都异常紧张。已经修复的道路又出现新的滚石，我们不得不两次下车找村民帮助排障才得以通过。

落垭互助小组的情况比土潭河更惨，不少房屋严重倾斜，有些房屋出现很宽的裂缝，人们不得不住进帐篷，一夜间房前屋后空旷地方多出了很多帐篷。当问到项目农户养的羊的情况时，听到的都是："这几天人都顾不过来，哪里还管得上羊子哦。""我家只收回来几只，大部分找不到了。""地震来了羊子也不听话了，漫山遍野地跑，收不回来。"我们告诉他们汶川的情况更严重，相比较我们县的灾情还不算太严重，希望这样的安慰能够让他们不要紧张，把注意力转移到生产和生活上，做好余震防范，饲养好剩余的羊，把丢失的羊尽量找回来。

　　村主任龚朝林悄悄告诉我们，村里有几个地方地表裂得很厉害。他带我们到现场去看，我们爬了半个小时的山，到达山巅，看到一条长20多米、宽近1米的裂缝，这情景让我们都惊呆了，感到情况比我们预想的严重。通过查询资料，我们才知道地裂缝是地表岩、土体在自然或人为因素作用下开裂，并在地面形成一定长度和宽度的裂缝的一种地质现象。地裂缝极易引发泥石流和山体滑坡，是一种威胁性很强的地质灾害。我们赶紧让村支书立即向乡政府汇报并尽量转移疏散居住在地裂缝威胁区的村民。

　　摸底调查直到傍晚才结束，这时，夕阳像血一样红，给人一种哀伤和悲壮的感觉。我知道我们这时进入了一个非常时期，面临新的考验和挑战。第一，我们开展了一年多的国际小母牛大巴山区农村扶贫发展项目遭受了毁灭性的破坏。原计划就近进行的礼品传递计划已经完全无法实现了。第二，灾后恢复工作困难重重。第三，6个乡镇里普遍出现地裂缝，有些地方还比较严重，这就意味着成千上万个家庭都随时面临泥石流和山体滑坡的危险。

　　突然降临的巨大灾难改变了我们的生活，也改变了我们的人生。村民未来的生活会面临什么困难？我们的扶贫项目应该如何进行？如何让政府了解基层的实际情况？直到今天，这些问题依然让我们很纠结。冒着滚石和余震的威胁，我们连夜赶回县城。沿途不断出现在眼前的各式各样的帐篷、星星点点的灯火和不时移动的人影，一次次提醒我灾难就在眼前。

　　晚上10点左右我回到县城，不少楼房都是黑洞洞的，少了往日的灯火通明和喧嚣。我回到家里，家人都不在，都到朝阳广场去了。我打开电脑，把当天了解到的情况连同拍摄的照片发到四川新闻网麻辣社区南江论坛，希望引起人们对灾难的足够认识，也希望引起政府对地裂缝的足够关注并及时采取有效的应对措施。

　　发完消息后，我乘车赶到离家3公里外的朝阳广场。朝阳广场位于南江县政府办公大楼前面，占地面积大约有50亩，是县里开展重大活动和集会的场所，地震后这里成了灾民避难的主要场所之一，人们在这里密密麻麻地搭起各式帐篷。我们也在这搭建了两个帐篷，女儿和外甥女住在小帐篷，大一点的帐篷分隔成两间住着两家人。就这样，我白天在家里或办公室上班，晚上住在帐篷里。中间有几天因为帐篷住得实在不舒服加上余震也慢慢减少，我们曾撤掉帐篷搬回家去住，可是听说有可能发生 7 级以上余震，又赶紧把帐篷搭建起来，实在不敢掉以轻心。女儿马上就要高考了，我们买了两个充电台灯挂在她的小帐篷里，看着女儿专心复习的样子，我的心情格外沉重。灾难给每个人都带来了压力，而我们的孩子所受的压力更大，我们用什么来保护他们呢？黑沉沉的夜里，我怎么也睡不着，走出帐篷，站到高处，看到布满帐篷的广场，几天来经历的事像放电影一样在眼前浮现。这世界，要是没有灾难那该多好。

因为通信和交通严重受损，县里了解的灾情信息并不完整，也不典型，我们反映的情况很快引起有关部门的重视，5 月 15 日上午，县里有关部门联系我们，详细听取我们所掌握的情况汇报。

不久，我们第二次去落垭的时候，村支书告诉我们：地裂缝已经引起上级政府的重视，国土资源部一位副部长专门带了一批专家调查地裂情况。很快，南江县被确定为汶川地震重灾县①，原因就是全县出现几千条地裂缝。

这场地震及其伴随的次生灾害把我们这个纯粹做农村发展的公益组织推向了灾害管理的前沿，此后，防灾减灾、紧急救援、灾后重建，成了我和同事们的主要工作。

三　凝聚社区力量　共同抗击灾害

震前我们建立的 20 多个合作社主要分布在受灾最严重的北部山区，扶贫项目遭受严重损失，扶贫工作必须转变为抗击灾害。当时，由于信息失灵，缺乏相应的应对知识和经验，以及缺乏有效的组织，村民对如何应对灾害，恢复正常生活缺乏信心，甚至感到恐慌。

林河社区一位 70 多岁的老太太的情况就比较典型。这位老太太在地震中受到惊吓导致神情恍惚，每天夜里都要叫醒全家人躲地震，闹得一家人

---

① 四川定位重灾区的有 29 个县。

和左邻右舍都不得安宁。当我们见到老太太时，她满头的银发凌乱地披散着，衣衫不整，目光呆滞，布满沧桑的脸上满是皱纹。我们试着和她聊天，给她送上随车带来的慰问品，但是都没反应。老太太的儿子儿媳急得团团转却不知所措。我们当天下午就带着老太太的儿子到县医院心理科找心理医生咨询，第二天又带着两位医生来对老太太进行心理治疗。心理医生建议老太太的亲人对老人要多陪伴、多交流，多带老人出门走动，看看其他人的正常生活。

灌坝社区一名7岁的小女孩在地震中受到惊吓后就一直不开口说话，外出务工的父母回来，给她带回从城里买来的新衣服，她也没有反应。据村民们反映，村里不少小朋友在地震后情绪发生了很大的变化。对这种情况我们也感到束手无策，只能到县医院向心理专家咨询，同时向卫生部门报告以寻求支持。

但是，作为公益组织，在组织民众抵御灾害、恢复生产生活秩序、重拾生活信心方面，我们是可以有所作为的。在对灾情调查评估的过程中，我们就发现村民参与我们组织的活动的积极性比以前大大提高，他们渴望关注，渴望陪伴，渴望有我们相伴同行一起度过这场灾难。于是，我们争取了国际小母牛项目几万元的支持，用于帮助受灾严重的项目农户维修圈舍，医治受伤的羊只，并结合项目在村子里开展一些活动。不久，在国际小母牛项目组织的帮助下，我们又争取到了南都公益基金会灾后重建项目——"南江县农村重灾社区灾后重建项目"，虽然只有9万多元的资金，但在帮助牡丹、落垭、桃红、林河4个北部山区受灾最严重的农村社区开展灾后救援和恢复重建工作方面发挥了十分重要的作用，也让我们一个纯粹的农村发展组织开始进入灾害管理的行列。我们在与村民相伴同行的过程中，给予村民精神上的安慰，让他们知道自己不是孤立无援的，有许多人在关注和陪伴着他们，从而使他们重新燃起生活的信心和希望。

在农村社区建设方面，我们和当地村委会建立了协作机制，结合政府的救灾工作同步推进我们的重建项目。由于我们已经在4个村建立了农村社区，部分村干部还担任了社区或互助小组负责人，所以组织工作比较顺利。在分工上，我们主要负责活动的策划和组织，村委会负责人员的召集和具体落实。

按照项目规划和与村里达成一致的工作计划，我们在社区组织受灾群众开展了六个方面的工作。

第一，召集村民开会，安抚大家的情绪。我们在 4 个社区的 8 个互助小组轮番开会。会议除了进行动员之外，主要解决几个问题：一是倾听群众呼声，安抚灾民情绪。会上大家尽情诉说在灾难中的无助和痛苦的感受，发泄和释放积累在心中的压力。二是进一步了解和核实灾情和灾民需求。通过交流，我们更加详细地了解各个社区的受灾情况，掌握群众最迫切的需求，为制定应对措施打下基础。三是宣传地震知识，消除恐慌心理。我们通过向村民讲授地震发生的原理和规律，传授地震及其他常见灾害的应对方法和策略，梳理了本县的地震历史，使村民们对地震有了正确的认识。经过宣传，村民们逐渐明白我们县不在地震断裂带，不会发生大地震，只是受地震的影响，进而消除大家对未来可能发生更大地震的恐惧心理。

每次开会村民都踊跃发言，争先恐后讲述自己在地震那一刻的经历和内心的恐惧、不知道明天还会发生什么的无奈、面对未来生活的无助。每次会议开始的时候，大家消极情绪比较浓厚，往往要经过非常艰难的引导，到会议结束的时候偶尔能听到一些笑声，我知道，人们正在一步步地走出阴霾。

第二，帮助互助小组制订行动计划，并成立了自救小组。根据总体工作计划我们同互助小组一起讨论制订了行动计划，把任务细化到每次活动。同时，在互助小组下面，我们把住所相邻的农户组成自救小组开展灾后消毒防疫和环境卫生评比，重点关注孤寡老人、残疾人和丧亲儿童。在计划落实方面，村委会发挥了十分重要的协调作用，保证了救灾物资发放、受损房屋鉴定、弱势群体关怀等工作的顺利进行。

第三，恢复村庄道路及基础设施。比较大的工程项目，如桥梁、道路抢修等，我们向县、乡镇申请立项，以获得上级部门的资金支持；小的工程，比如基础设施维修和养护，则组织村民开展公益活动定期进行。这样，不仅很快恢复了村庄的交通，而且增加了社区的凝聚力并增进了村民之间的团结与合作。

第四，组织开展文化娱乐活动。针对灾后群众心理状况和农村精神文化的需求，我们在社区组织开展了一些文化活动，如唱山歌、唱红歌、表演"三句半"、组织游戏等活动，还邀请县里的名医进村开展针对受灾群众身心方面问题的义诊活动，通过一系列活动来抚慰群众的伤痛，增强他们面向未来的信心。

第五，帮助恢复和发展生产。由于部分农田受损，水利设施遭到巨大破坏，牲畜、庄稼都不同程度受灾，许多村民对恢复生产缺乏信心，无心从事农业生产。于是，我们组织村民到县城农贸市场和城周蔬菜基地考察，从市场繁忙的交易中，村民们认识到"地震了，人还在，大家都需要吃饭"，看到人们对农产品有巨大需求，重新建立发展生产的信心。同时，我们还组织农业、畜牧等方面的专家到村里开展技术培训，手把手地教村民一些新技术，推广适合当地发展的新品种和新项目；把因灾返乡的农民工组织起来，开展务工技能培训和法律知识讲座，促进农民工之间的相互交流和学习，鼓励他们发挥自身一技之长重建家园。另外，通过各种渠道积极帮助村民推销农产品。实际上，灾后大部分地区的农业生产减产，加上灾后重建对农产品的需求增加，当年农产品价格有所上涨，我们项目点的农民收入都增加了，这对他们是一个很大的鼓舞，我们也由衷地高兴。

第六，持续开展防灾减灾宣传教育。针对村民因缺乏地震知识而导致的恐慌情绪，我们专门组织了地震等灾害知识讲座，结合身边常常发生的灾害，教村民认识灾害的种类和学习应对防范这些灾害的措施；还成立了社区灾害救援队，制定防范措施和应急预案，开展防灾救灾演练活动；同时，倡导村民在日常生活中注意保护湿地、保护生物多样性、植树造林，向村民宣传保护环境对防灾减灾的重要性。

灾后半年多，我们累计在农村社区开展了110多次活动，对以北部山区4个重灾村为主的村民28000多人进行了长时间的陪伴和支持。陪伴他们一起走出地震的阴影，回归正常的生活。在这个过程中我们也学习了关于灾害的相关知识，掌握了防灾减灾和灾后重建的一些方法，为我们参与灾害管理工作积累了丰富的经验。

通过参与灾后重建工作，我有几点深刻体会：第一，民间组织等外部力量介入救灾和灾后重建十分必要，在与灾民相伴的过程中，能够增强他们重新生活的信心和希望，这种精神上的力量是巨大的。第二，面对巨大的灾难，任何个人和组织的单个力量都显得势单力薄，只有组织起来，靠大家的力量，才能战胜灾难。第三，对于农民来说，灾后重建要尽早介入生计项目，这是医治灾难创伤最有效的良药，既能够将人们的注意力从灾后的伤痛和失落中转移到生产上来，还能够通过增加收入来增强人们对未来新生活的希望。

四　印象深刻的两个故事

首先是岳红英的故事。岳红英是落垭社区的一名妇女，身材微胖，皮肤偏黑，没有读过书，由于说话太直不太受乡亲们喜欢。丈夫在成都当保安，因为文化水平低，身体不好，又缺乏技能，只能挣着一个月 2000 元左右的低工资。儿子在读大学，每月花费不菲。她家是村里的贫困户，因此入选我们项目的帮扶对象。在我们所有的帮扶对象中，她干什么都比别人慢半拍，等别人做成功了她才敢做，所以她家养的羊总是比别人的差一点，好在她比较勤快，在一定程度上弥补了这些不足。她对我们很热情，经常邀请我们到家里吃饭，我们也乘机向她多作一些宣传和引导，还经常以略高于市场的价格购买她家的农副土特产品。

地震后的第三天我们到她家走访，她老远就迎了出来，扯着个大嗓门喊着我们的名字，滔滔不绝、语无伦次地向我们讲述着她家的遭遇，说着说着就哭了起来，听起来既悲伤又绝望："几十条（只）羊子都跑到山上不回来了，找了一天多找回不到一半，还被山上滚下来的石头砸死了 3 条（只），我咋个完成礼品传递嘛？"我们一边安慰她，一边鼓励她继续寻找。她带我们去看受损严重的房屋，只见几间土坯房出现了大大小小的裂缝，最宽的有 20 多厘米，屋顶的瓦片大部分破碎，许多已经掉下来，给人一种摇摇欲坠的感觉。粮食和部分家具已经搬到屋外的院坝里，并且用塑料薄膜盖着。离土坯房约 50 米的菜地一角用塑料薄膜和树枝搭建了一个简易帐篷，一堆花花绿绿的被子在阳光的照射下格外显眼。看着这一切，我想象着这样的画面：一名农村妇女独自一人惊恐不安地在地震来临的那一刻冒着危险从屋里把东西一件件搬出来。同行的村主任兼社区负责人对她说："你这房子是没法住了，你得暂时找个地方借住。安全第一。乡上说了，没地方住的要给点儿补助。快点叫你老公回来修房子，山上有裂缝，你这里今后不能住人了。"她绝望地回答："我现在哪里来的钱修房子嘛，原来指望年底卖十几个羊子后先把地基整起，现在羊子死的死跑的跑，本都还不够了。"说着说着又哭了起来。

离开她家后，村主任告诉我们，她家是村里最难的一家了，收入低，支出大，人缘又不好，无论是借住还是重建都很困难。我们一边继续了解其他家庭的情况，一边商议如何帮助她。不久我们通过小母牛项目组织为她申请了 1300 元的补助，我们机构和志愿者捐款为她购买了部分粮油和日用品。她丈夫回来后表示仍然没有能力重新修房屋，村里只能找一些劳动力帮他们把房子简单维修加固，他们才得以暂时栖身，但是危房的隐患并没有完全消除，所以吩咐他们一旦有余震或暴雨就必须出去"躲一躲"。后来，我们介绍她到城里给人家当保姆，但是因为她文化水平太低又不会说话，干不到一个月就被辞退了。项目结束后，我们再没有到过她家，据说她至今仍住在那个有安全隐患的老房子里。

其次是一位患癌症老人的故事。2008 年 5 月下旬我们在牡丹社区开展主题为"地震后，我们应该怎么办？"的活动，社区许多村民认为自己在发展的过程中得到小母牛项目中外人士的帮助，自己发展起来了必须回馈社会，地震后应该为灾区尽绵薄之力，决定要给极重灾区捐款。在捐款仪式上大家非常踊跃，其中一位老人给我留下深刻印象。老人拄着拐杖在一名年轻人的搀扶下颤巍巍地走到捐款现场，他的到来让热闹的会场一下子安静了下来。一位村民告诉我们，他是一位癌症晚期患者，"可能没有多少日子了。"有人猜测他是为争取自己治病的捐款而来。正当大家疑惑地看着他的时候，只见他从怀里掏出一块手帕，一层层打开，拿出里面仅有的一张 100 元面额的钞票，颤抖着放进捐款箱。现场马上响起热烈的掌声，村支书走上前握着他皱巴巴的手，劝他不用捐款："你的情况大家都是晓得的，有这份心意就行了。"老人喘着气慢悠悠地说："那不行，我们有困难的时候人家那么远都来帮助我们，现在人家有困难了，我们不能不管，我都这个样子了，留着钱也没用。"捐完款不到一周，这位老人就离开了人世，但人们至今还把他的事当作美谈，并为此而感到骄傲。是啊，牡丹社区本身也受到地震影响遭受损失，但是，当天参加活动的 60 多户人家为汶川地震捐款 6000 多元。灾害对人是无情的，但是人是有情的。

从这两个故事，我体会到：不同的家庭和地区在抵抗灾害的能力上存在很大的差异，从事灾难救援和灾后重建工作应该遵循因人施策、因地施策的原则；组织救援和恢复的过程又是一个很好的推动文明进步的机会。灾难，更能让人们抱团走在一起，也更能检验一个人和一个地方的文明程度。

本以为此生与灾难无缘，没想在 2008 年我与它不期而遇，尽管南江县的受灾情况没有汶川、北川那么惨烈，但仍然是受地震影响的重灾县。既然遇上了，就没有必要躲避，抗击灾害，抗击贫困，将成为我一生义不容辞的责任。

生命的分水岭

霍小玲

　　2008～2014年是一段对我来说很特别的生命经历。本来作为香港理工大学应用社会科学系的一名社工老师，我被调派前往四川负责一个为期3年的灾后支援项目；本来计划3年后项目完成，我便可以重返自己原来的工作岗位，但2012年我又被调派接任一个行政职位，负责协助策划和组建四川大学灾后重建学院工作；两年后，为了完成博士论文，我辞去所有职务。我的论文写的是地震后在四川曾经与我相伴同行的6位社工老师的故事，在访谈和整理的过程中，我确知自己内心的"温度"，却又可以以一种较为冷静的态度去梳理，但对于自己的故事，我始终感到仍未有足够的勇气和准备去回顾和整理。我是一个懒于笔耕的人，但处于极度情感澎湃和不安的状态下，我会以书写去表达探索和让自己内在达至一种平衡。2008～2012年，我写了大概200篇短文，记录了我当时心情的变化和一些深刻的领悟。但我仍未能统整的其中一个原因是我理解到故事本身的多样性，我在这段时间所经历的生命课题是复杂而多元的，当中的关系又是纠缠交错的，我能理解到的自己更深层的情绪反应和动机也只是片面的。自2016年开始，我又陆续跟四川的合作伙伴再次连接，以为是一个结束，却是另一种开始。这种延续和不断深化的参与让我不知不觉间已把"四川地震"作为我生命中一个重要的转捩点，而四川的经历就成为我生命当中一段不能磨灭的印记。当我在不同的场合介绍自己时，我会不期然地重复提到："我在过去七至八年的时间参与四川灾后的救援和发展工作，灾后的经历对我个人及专业的成长有极其深刻的影响……"究竟四川地震后的经历与我的关联有多深呢？或许整理这篇以"我的 2008"为主题的文章正好给我一个机会去思考和回答这个问题。

我在整理自己故事的过程中发现生命历程具有一种既神秘又客观的规律。所谓的因果，可以被理解为一种延续的规律：昨天的经历是为今天的需要做准备；而今天的经历和理解，又是为明天的抉择做铺垫。这篇文章我会以一名社工老师的视角去理解我的专业和其与生活交织的经历。我又将以 3 个在这段时间出现在我生命中的人物去介绍和贯串我所经历的一些重要的片段。

一　我的 2007

2007 年及更早时间的经历和思考暗示着我将面对一场颠覆性的冲击和变化。

2007 年刚开始我的工作有一个很大的变动。我本来是个简单自足的社工系老师，只负责中国香港和内地的实习督导，但学校相关部门安排我和另外两位社工老师专门负责开拓和推动中国内地有关社工实务的培训，我们开始在不同的省份连接伙伴，建立平台，北京、南京、西安、西宁、昆明、杭州、哈尔滨、深圳等地都留下过我们的足迹。当然，我也无法预计到这种以非正规教育或是培训的方式去开拓和发展社工专业的工作，竟成为对我日后工作的重要演练和预备。后来我发现，这些丰富的经历深深影响了我对社工教育的理念和手法。

不可否认，在此之前，作为一名香港社会工作教育者，我有着一种自知的优越感，在学生面前，我自恃的是过往的实践经历和教学热情，多年的实务教育让我有把握去了解一个学生的内在动机和潜力，也有把握去推动和鼓励学生参与学习的过程并经历转化。这种转化不单纯是技巧的掌握或是知识的梳理，更重要的是一种自知，对自己价值观的理解和对社会工作专业价值观的内化。成人教育学家梅兹洛（Jack Mezirow）于 1975 年提出有关"转化学习"的概念，这是我作为教育实践工作者所持守和应用的一套理念。我所理解的转化有别于一般的知识增长和技术演练，转化是针对人根本的价值信念而做出的挑战和深化。一次重大的突发事件可能会成为一个学习历程。梅兹洛提出十个阶段去概括一个学习者如何经历和完成这种深化的学习和转化：第一，突发事件或震撼性困境出现，察觉自己不能以旧有的知识和技巧去应对；第二，经历各种的情绪，诸如震惊、无助、恐惧、哀恸、愤怒、负罪感、耻辱感等；第三，从情绪的自觉到回复较理性的分析，开始批判和检视已经深植于思想的传统价值观、基本假定和社会规范等习惯性思维模式；第四，因为可以更客观及更深刻地认识自己，以至可以开始同理他人的感受及包容不一样的见解；第五，透过与人重新互动连接，尝试去修正、扩充和补足旧信念和思维系统，并开始探索新角色及采取新行动；第六，试验新的行动方案；第七，吸收新知识、新技能以及调整旧思维理念以应付新方案；第八，启动新的行动策略和方法；第九，评估和检视并在新的学习历程中培养自信与能力感；第十，当新的挑战出现，学习者便可以以新的视野、新的角色和新的方法重新融入。

由此可见，转化学习是一种知觉的改变，是一种高阶和深度的学习历程。它背后的假设是，我们不自觉地、惯性地依循着传统、社会规范、专业操守、角色期望等参考架构（frame of reference）来生活和抉择。因为是惯性，所以大部分的人只是因循地"活着"而不会质疑一些基本假定和被视为理所当然的信念，更难以察觉这些假设可能局限而且扭曲了我们对这个世界的基本理解。转化学习的过程需要我们对"如何"认识这个世界（how we know）做出深刻的反思、理解和改变。转化学习让学习者看见新的参考架构，更新了他们的求知方法，颠覆了他们的心智模式，所以学习历程不会是舒适和顺畅的，学习者需要承担变化的风险和张力。这个过程的酝酿，关键在于成功地把学生推出他们的"安适区"，让他们在面对不稳定和无助的状态中，重新检视自己惯性的思维模式和应对方法，也重新发现自己真正的渴望和期待。当然，转化的发生更重要的是人们愿意以一种崭新的态度去面对挑战，以变通的手法去迎接难关，在过程中发现和经历到的变化，超越固有的思维和行动模式，最终经过沉淀和整合成为新的理解和新的选择。

我工作中的新尝试使我更加确信这种转化的过程和带来的变化。同时，我也逐渐被带离自己的"安适区"，我不再是一名旁观者，观望和守护着我的学生在学习过程中的需要。我同时也成为一名学习者，同样地经历不稳定与无助，在将要面对的种种困境和挑战中，我的社工教育视角将有一次颠覆性的转化。而我的学生在此过程中成为我的挚友和同行者，我们彼此扶持，相互帮助，在一个超越课堂、一个更广阔无边际的现实场域中去实践使命和经历生命。

二　我的 2008：唤醒悲悯的巨响

（一）唤起与转化

对于我来说，2008 年似是一段很遥远和模糊的日子。我阅读着伙伴们的 2008 回顾，经历突变，参与救灾，他们大都目睹或亲历灾变的惨烈悲痛，承受着种种未知的恐惧和焦虑，忘我地投入不眠不休的行动中。在个人情绪层面，他们的感受如坐过山车一般，在身体和心灵层面也从未有如此激烈的震荡和深刻的体会。对我来说，2008 年更像一条生命的分水线，把 2007 和 2009 年的我分隔开来。这一年是一个预备的历程，我在经历一种转化，为了迎接更大的生命挑战。

2008 年是我人生的转折点，生命对我的塑造是如此奇妙可畏，这一年以后，我将面对一场重大的挑战，这个挑战将我抛离自己的"安适区"，再把我掷进无底的未知深渊；这个挑战动摇着我信仰的根基，历练和净化我性格气质的幽暗之处，粉碎我的自足感；然而这场生命的经历却又赋予我新的身份、能力和使命。我努力尝试回忆，将许多破碎的往事慢慢地拼装起来。我首先忆起的是 2007 年作为社工老师的那段经历。5 月份，中国社会工作硕士（MSW）的同学即将完成他们在香港的学习，作为一名实习督导老师，我自觉对这一届学生投入很深的感情，也期望他们毕业之后能够有机会合作……临别时的依依不舍，竟有一种很不舍的感伤意味。难以想象的是这一届学生成为我督导的最后一届中国内地的社工学生，更没有想到的是在接下来的几年时间里，有几个学生成为我在四川最亲密的合作伙伴。

我是 2008 年 5 月 22 日第一次踏足灾后的四川，看到的第一个场景是灾后成都满是帐篷的街头。我惊讶地发现这些露宿街头的"灾民"生活如此淡然如常：孩子在嬉戏，妇女在路边开火煮食，更多的人在帐篷旁边打麻将和围观。我开始见识了"天府之国"柔弱自如的文化底蕴。这种"人间烟火"的场面大大舒缓了我登机前的内心挣扎和惶恐不安。我仔细翻看过往的日记，发现 2008 年发生的事件是对我们生命的历练，似乎命运按照我们的理解把一块块大石头放置于我们眼前，以便让我们一步步地顺着走下去。但我们仍然处于一种躁动不安的状态，因为这条路将我们引向何方是不确定的。这要求我们必须擦亮眼睛、纯正意念，边走边追寻，边走边印证……但透过分享和解说我们曾经走过的路、曾经遇上的一道道风景和一波波风险，我们再一次把过去、现在和将来连接起来，我们再一次为自己的生命定位。

我记得有一位退休的香港企业家曾分享说，2008 年"5·12"之后那段时间，他们夫妇俩每天守在电视机旁看着灾区的报道，在香港身经百战、冷静理智的丈夫竟在一次《新闻联播》后失声痛哭，不能自已。后来他们两人发动了一次亲临灾区的送温暖行动，这个行动最后演变成一个扎根灾区持续发展的项目。我也隐约记起在 2008 年 5 月 22 日我和一队香港理工大学的老师战战兢兢地在成都"小母牛"（公益组织）培训教室上课时的情景：当我第一个主讲"面对灾难：反应、回应、适应"的主题时，教室里有刚刚毕业的四川籍社工学生，也有来自重庆、贵州、山西和东北的同学，面对几十双期待的眼睛，我一直提醒自己要冷静自重，因为他们那受惊脆弱的心灵，极其需要一种温暖而稳定的支持。在讲座的最后时刻，我终于忍不住流出了眼泪……那一刻，我觉得自己的生命已经与学生们和未曾谋面的"灾民"连接起来，我感受到一种极为沉重的悲苦，这是我无法应对的。从那时开始，我真正走上灾后重建这条路，我开始认识到在苦难面前，人人平等，在最深刻沉重的悲痛中，人类的悲悯之心被唤醒了，大家彼此相连，互相影响，相互需要。我坚信当日所有参与救灾工作的同学和同事，大家的心都被唤醒，每个人都决意共担。

香港理工大学应用社会科学系的几位老师，包括古学斌、沈文伟、欧羡雪、叶少勤、叶嘉宝等，也同样被召唤加入救援的行列。2008 年 5 至 12 月，我们除了在四川，也在北京、济南、武汉等地组织各种培训和研讨会，旨在对救灾人员进行安抚和教育，更重要的是为各地的社工院校和社会组织参与救灾行动提供准备。这些培训教会了我许多有关灾后救援的重要理念和方法，我也开始与一些重要的在地伙伴结盟，除了香港理工大学 MSW 学生所在的高校团队，也包括四川 "5·12" 民间救助服务中心（现在的四川尚明公益研究中心）的郭虹老师、中国社会工作教育协会的史柏年教授及希望社工团队、理县 "湘川情" 社会工作服务中心的史铁尔、成都 "小母牛" 的陈太勇等。与此同时，香港理工大学 MSW 学生所在的社工高校团队也开始在四川搭建在地的救援平台。他们带领自己的社工学生在彭州、绵竹、汉旺等地的帐篷区和板房开展丰富多彩的暑期儿童活动。之后，灾后儿童家庭服务、学校社会工作和农村生计项目成为香港理工大学支持团队的几个重要方向。2008 年 9 月，我确认了自己在这场召唤中的任务——负责统筹一笔几百万元的救援捐款，用于策划相应的灾后救援和社区重建课程，以更加适切的知识和技术支持灾区一线的社工、社工教育者及在地的社会组织。正是因为这场灾后重建的深层投入，我走近内地的社工伙伴，与生命教育结缘，开启了一段彼此依靠、相互支持的旅程。该计划命名为 "川越 '5·12'" （Sichuan 5.12 – Disaster Brings Transcendence），由香港凯瑟克基金资助，是一项为期 3 年的灾后援助项目。"5·12" 灾后恢复重建包括房屋、生计重建和心灵抚慰、特殊群体（伤亡家庭等）照顾等各个方面，这样的系统工程需要重整各种资源，更需要专业人士长期跟进。"川越 '5·12'" 定位于对人的陪伴和培育。我们联系国内外的专业资源，除了对川渝地区高校的社会工作者、基层干部和民间社会组织提供系统的专业培训和训练，还在具体的实务工作过程中提供督导服务，保证培训落地生根。该项目的其中一个重要内容是提供系统的生命教育培训和督导。最终生命教育的种子落地到广元、德阳、映秀、绵竹、理县、成都等地的高校、中小学及社工机构，并结出一些可喜的果实。

2008 年夏天，我们项目团队在成都九眼桥附近的小区租了一套两居室的套房，这是我们几个人接下来几年的临时的家。欧老师、Mandy 和我三个女老师分享两个房间，陆宁，唯一的男孩只能做"厅长"。我们 4 个人相互扶持，跑过很多路，我们从一般关系发展为紧密的伙伴。每个人性格各异，他们说我像一只鸟，海阔天空，不着边际；欧老师情感丰富，执行力强；Mandy 忠实诚信，意志力惊人；陆宁有点情绪化，但他很细心，办事认真执着。团队有时会有小争执，但慢慢地我们彼此像一家人那样，相互理解与照顾。这种亲密关系对我而言是一个很大的挑战，因为我习惯了一种自足独立的生活状态，很不适应多人互动的紧密关系，但他们随时表现出大度和容忍。感谢他们对我的信任、尊重和接纳。我们的情谊一直延续至今，这是我在四川的最大福分。现在想起来，四川的火锅、羊杂汤、毛血旺，映秀的豆腐、腊肠，理县的烤羊，雅安的鱼汤，广元的蹄花汤……这些味道，在不知不觉中已经渗透到我的记忆里。伴随一张张熟悉的面孔、一次次热闹的聚会、一帧一帧的老照片，那些遥远的记忆逐渐清晰起来，感觉仍然有温度，格外触动人心。

对我而言，统筹这个项目是一个全新的工作领域，相比之前的社工督导、课堂教学等工作类型，新任务要求我必须处理好行政、财务、人事和各种资源配置。我除了需要安排培训、授课和带领小组工作，还需要不断地整理经验，联络国内外网络伙伴及其资源。此外，我需要不断整理理论与实务经验，旨在开发一套适合中国特色的灾害应变课程体系。如此繁重的任务不仅挑战我的专业知识、应变和创新能力，更挑战我的价值信念。最初的半年，因为工作面临太多的变数而难以预计和驾驭，我经历过忧伤和挫败。每次出差，对家人，包括两个孩子、丈夫和母亲更是心存歉疚。但是非常奇妙的是 2008 年我雇用了一位非常善良的"印佣"（印度尼西亚佣人），她对老人家特别细心，母亲视她为知心好友，由她来照顾母亲我很放心。2009 年 7 月，我在美国定居的妹妹决定回流，他们的回归也大大地减轻了我的负担。丈夫对我的任务也越来越理解，他是我背后最大的支持。没有家人对我的爱和接纳，我是走不下去的。在四川是劳累的，每天工作至晚上十一二点，还要承受舟车劳顿，但每当得到信仰和家人的安慰时，我的身体状况就很平稳，精力也很旺盛，感觉适应得相当不错。2008～2009年，我出入的地区包括成都、理县、映秀、彭州、德阳、安县、北川、绵竹等地。可以说每一天从早到晚，没有片刻停歇。

（二）引路人

2008 年 11 月，我和欧老师及几位康复专家到访彭州了解当地幸存者的需求。在白鹿镇我们跟一位因地震致残的幸存者交谈。她刚从医院回来，因为在地震中一只手臂受伤，进行截肢手术并装配了义肢，正处于调适阶段。刚开始述说时她的情绪比较冷静，淡淡地讲述自己的经历，反而我们几个"专家"坐在她旁边显得极度紧张和笨拙，害怕讲错话会伤害到她。慢慢地，当与我们有了信任之后，她不再有意回避什么，也没有官方的客气话，她非常坦然地让我们走进自己受伤的心灵世界。和我们同行的有临床心理学家和服务伤残人士的社工，大家都本着诚挚的态度去聆听和关怀，但当时大家的心却一直往下沉，感到言语的关怀是非常无力的。一想到"灾民"面临身心的重创我们却无能为力，就有一种撕心裂肺的痛，一种极度的无力感开始吞噬我们的内心。应该如何结束如此尴尬的对话呢？我不得已向她提出了一个问题："你想过以后该如何生存下去吗？"没想到听到这个提问她突然擦干眼泪起身往里屋走去。她从床垫下面拿出一幅还未绣完的刺绣作品对我们说："这是地震前我的第一幅绣品，当时我用双手初学绣花，现在我要用剩下的一只手把它绣完……"没想到她简短的几句话和所作所为竟然扭转了现场的气氛，使我们顿时摆脱了绝望的感觉，似乎找到了希望。她就像一个魔法师，在改变自己的同时，也给我们提供了看问题和解决问题的新视角。之后，我经常提起她，正是这样的豁达和坚韧促使我们团队有勇气和信心坚守灾区。

2013 年 8 月因为组织一场生命教育的培训，我们重访了白鹿镇。我竟然在大街上与她重逢。她还是一副纤柔的模样，在笑中带泪的过程中向我述说了自己 4 年来的生命历程。她经营一个小茶摊，仍然缅怀自己的"所失"，但谈得最多的是丈夫、儿子等家人对自己的照顾和体贴。她对重建"法国风情小镇"充满热情，也谈及每个来茶摊喝茶的客人的感人故事，似乎寻找到灾后重生的新价值。她还是那么单纯和善良，对自己的生活充满信心和勇气。我想起她"用一只手完成刺绣作品的寄望"，因为正是这样的坚强不屈改变了我对生命价值的理解，从这个意义上她是我的"引路人"。试想我们一般人是如何理解生活的呢？我们是从"拥有"出发去看待自己的"缺乏"和需求，于是，我们需要完成太多的任务，亟待解决太多的问题，有许多艰难险阻需要攻克……但当人经历一场惨痛的"失去（教训）"时，他不再可能以"拥有"作为一个出发点，这样，他反而有一个机会转换视角，从"没有"去看到自己的"拥有"。当然，遇到"失去"有人可能从此自怨自艾，但这也可能是一个生命转化的机会。如白鹿镇的这位妇人，在"失去"中看见自己的另一种完整和拥有，一种对生命承担的意志和勇气。

2008 年 11 月，我认识了来自美国的 Tom，他任职于美国一所备灾和灾难援建的培训机构。那一年我们有机会接触到很多专家，他们犹如一颗颗闪亮的明星，格外耀眼。他们无私地奉献出自己的宝贵经验和实用资料，并提供了各种救援模式和操作手册，使我们像饥民那样囫囵吞枣，消化不良。然而 Tom 跟我的互动却犹如一对有默契的师徒，使我感受到彼此之间有一些共同的信念和相似的行事方式。他无私地向我分享他们机构的知识成果，以一种很温和的方式相互探讨；他简明扼要地向我们传授各种备灾及灾后重建的概念和案例；他推荐的一本书里面有一个核心概念"海星模式"更启发和引导我们在四川开拓并深耕项目超过 6 年时间。

《海星模式》又译作《海星和蜘蛛》（ *The Starfish and the Spider* ），2006 年在美国出版，作者是奥瑞·布莱福曼（Ori Brafman）和罗德·贝克斯特朗（Rod Beckstrom）。这本书探索一种新的领导模式，对比传统"集权式"的组织领导模式，"海星模式"提出一种"分权式"的组织策略。在集权式的领导模式中，领袖管理犹如蜘蛛结网，从上而下，网络的扩张和维持依赖强势而有力的领导。然而当一只蜘蛛没了头结网即告瘫痪。相对这一传统的集权式的组织策略，"海星模式"以海星这一海床上的动物寓意一种更灵巧的有机的组织生长和发展策略。海星有五条"腕"，其特性是每一段被切下来的部位皆能重新生长为一个完整的海星。书中以墨西哥的印第安阿帕契文化来作为分权化优势的例证，解释为何阿帕契人遇上西班牙的强势有力的殖民军队，仍可坚持斗争达 200 年之久。作者进一步以海星的五腕比喻分权组织的五足，即五项重要的组织构成因素，包括圈子、催化者、意识形态、既存的网络和斗士（实践者）。海星型的组织是由众多结构类同、地位平等的小圈子所组成的，这些圈子互相连接，依赖一个富有感召力的催化者或触媒去推动和支持。这位领袖的特性不在于强势，而在于能够营造一种信任和尊重的氛围，让圈子内的每位成员得到肯定和找到自己的位置。意识形态既是共同的信仰和价值观念，又是真正的驱动力和连接这些圈子的黏合剂。这个组织概念对于当时的我有很大的吸引力，它提供了一个可操作的实践方向和框架，以便在往后生命教育和其他的学习平台落实和试验。

（三）谁是社工老师

我的服务对象并不是在一线灾区而是预备在灾区进行服务的工作人员，其中包括社工、社工老师和地方社区工作人员以及 NGO 的伙伴。2009年暑期，我负责的项目开启了为期两个多月的第一期培训，这是一个针对社工老师名为"师心·心思"的实践小组。

在"5·12"之后的四川，我们发现社工专业开始受到重视和认同，在学校社会工作、社区重建和社区康复等领域活跃着一大批年轻的社工，他们正在承担着本土灾害社会工作的拓展任务。实践小组的设计是让参与灾后重建的社工老师体验实务的过程，特别是推动他们直接参与灾后重建的服务项目，以便深层了解"灾民"的差异化需求，然后根据现有的灾后社会服务模式和方向，培养一批支持一线社工的督导老师。当时规定参与小组的老师需要联系一所四川的 NGO 或灾后重建的项目点，在服务点上至少具有一个半月的实务体验经历。实务体验的意思是学员并不只是观察者，他们必须参与实务工作，在工作的过程中需要亲自设计和提供一项专业的服务计划，诸如处理一个个案、带领一个小组、组织一次社区活动等。这些实务工作对一名社工教育者而言，是必须掌握的专业手法。该计划以社工教育"问题导向学习"和"反思实践"两个常用的概念作为整合的理论视野，探讨实践教育如何区别于一般的课堂学习，老师在其中应该扮演怎样的角色，应该掌握怎样的教学方法和技巧，等等。计划本来预计招收十多位学员，结果报名人数达到 30 人，包括 3 所重庆高校和 7 所四川及其他地区的高校教师，有些是整个社工教研室报名参加。看到大家的学习热情如此高涨，我能够理解他们非常渴望相互交流、开阔视野、亲身实践、服务家乡。当时我们根据学员的兴趣分组：一组参加"儿童社会工作"的学习和督导，实务学习领域是"儿童友好家园"项目；另一组参加"社区重建"，主要集中于社区工作、生计重建等方面的学习和督导，主要的实务学习领域包括理县"湘川情"社工站及成都"小母牛"在彭州的多个项目点。我既是培训导师，也是实习点的督导。当时的 30 位学员中，只有少数人接受过正规的社工专业训练，大多数人是其他的专业背景，他们对社工教育只有模糊的认识。面对这批学员，在接下来两个多月的实践中，我把他们从高校的"象牙塔"带到灾区的现场，他们经历了太多的未知与无助，而我也经历着与他们相似的困境，大家在变化无常的陌生领域同行和学习。

　　学习过程困难重重，却有不少惊喜，至今仍有两件事常被我提起。一件事情发生在彭州项目点。一位来自重庆的社工老师，他驻点实践非常认真，第一次接受督导时就问我："我们应该如何帮助鸡农把鸡卖掉呢？"我瞪大眼睛无言以对，因为我跟他一样在销售方面一无所知。后来我们开始讨论一些可能的销售方案，也借助当地的合作伙伴尝试协助鸡农促销……这样的经历促使我和社工老师们开始探索灾后生计发展的议题，从一无所知到初步尝试生计发展是我们共同学习的过程。另一件事发生在社工老师和医疗团队的总结会上，大家一致认为医疗团队和社工老师应该携手合作，这开启了社工老师与医疗团队的强强联合。当时因为居民对医疗团队态度消极和漠然，他们无法顺利开展工作。后来，应医疗团队的邀请，我们三位有经验的社工老师透过社区走访，与居民建立信任关系，使医疗团队得到居民的认可。在联席会议上，医疗人员肯定了社工的贡献，并表示他们会聘请社工从事医务社会工作……这些经验促使我们不断追寻社工的角色和定位，努力思索如何使社工可持续性发挥作用。

　　我与这批老师结缘于实践小组，后来部分学员又参与了为期 3 年的生命教育课程①，当中经历并见证了他们对社工老师角色的投入和对社工教育理解的转化。其中的小静老师最初带领整个教研室同事参与培训，她后来回忆说："2008 年虽然已任教于学院有 4 年的时间，而且担任教研室主任的职责，但对社会工作并没有真正的投入，觉得自己始终游离于社工专业的边缘，看到和听到的都只是表面而已，社工从来不曾真正进入我的内心。"她分析这种"游离"是基于几个方面的原因：首先，她认为自己没有专业背景，还欠缺亲和力，不懂得分析社会问题，感觉性格和学识都不适合做社会工作。她觉得跟学生的互动比较浅层，与学生的关系比较疏远。

　　参加完"实践小组"的培训之后，小静老师从被动变得主动起来，她觉得自己全身心投入学习的尝试，对专业和为人处世都是一个出口。在之后"生命教育"的培训和实践中，她与同事组成专业团队，大家相互配合将培训课程中的专业价值观、知识和技巧通过全校"大学生生命教育"小组传播出去。与此同时，团队还建立社区服务站点，向居民传播生命教育的理念，并将站点发展为专业实习基地，促使更多的社工学生在实务和生命教育的过程中成长。

　　经过几年的努力，小静老师逐步成长起来，她被邀请在国内几届生命教育论坛分享成果。在校内她取得了教学科研方面的佳绩，更难能可贵的是她将"生命教育"搬进水电学校的课堂。这所中专学校里有许多大众眼

---

　　① 四川生命教育项目"播种春天"是社会工作专业与生命教育的一次相遇和同行。从 2009 至 2015 年，项目历时 6 年，这是一场由内地及港台高校和社会组织自发参与，连接应急和灾后重建的培训学习及社会服务的行动。生命教育课程的核心理念是"信念引导品格　品格建立能力"，因为相信关系中的"爱和尊重"的体验会带给人内在的安全感和对自我的真正接纳，只有在此基础上，才能培养出人们更具开放和真诚的内在动机去认识身边的事物，学会尊重和爱护这一切，选择对的行动。学习历程是以多元的互动模式，包括律动、艺术性表达、绘本、体验式活动等开启全人，包括身体、感情、理性、意识及灵性的认知机制。生命教育课程全面唤起一个人身、心、灵的回应，达致非常深刻的生命体会和回响。参加者需要在课堂以外，策划一种方式去应用和实践。一般社工老师的实践方式包括在校内办大学生的生命教育成长小组及生命教育课堂，开拓实习点带领学生把生命教育融合到社会工作实务过程中。

中的反叛、偏差青少年。她带领社工实习生践行"生命教育"的形式和内容。首先，她大胆改变课堂气氛，学生不仅是学生，也成为与老师一起成长的伙伴，大家一起开怀和悲伤。例如，她和学生共读绘本，从一个个小小的故事中感悟生命的价值。与此同时，在课堂上，老师们发现了水电学校学生的另一面。最初大家期望把不听话的"坏"孩子变成"好"孩子，但在生命教育的课堂上却发现这些经常旷课逃学的孩子其实对学校是有感情的，只是老师们并没有给孩子们提供展示自己另一面的空间和机会。

小静老师发现了其实我们缺乏一种新视角去促成一种新的互动模式，在新的互动关系中，我们应该放弃既定的标准和成见，减少人为的操控，让人们可以在更自然、更自主的空间中去表达和呈现自己。这些从实务中所体会出来的惊喜让她愿意更进一步地去思考一个更本质的问题：究竟什么是一种更核心的推动力？这些方法和技巧如何能持续深入地在学习者内心生根？小静老师认为"生命教育"的理念才是真正的切入点，因为她理解到"生命教育"提到对人的同理、尊重、社会责任，还有自我反省，这些与社工价值是相同的，只是一个在课堂上讲授，另一个通过服务实践去经历和内化。小静老师除了在课堂分享，作为一名社工老师，她更注重通过服务践行"生命教育"的理念。最初她苦于缺乏理念和经验去引导学生，但在经历生命教育的学习和实践后，她掌握了一套可操作的方法去传递价值理念和技术，通过实践经验去促发学生的学习动机和服务意愿，再进一步强化专业技能和内化专业价值观。这个过程的成效和满足感不但让她更坚定地确信社会工作的使命和功能，也让她更理解尊重个体，重视关系的价值理念。这应该是她在实践过程中最大的收获。与此同时，这种理解引出一个更深层的问题，她也承认生命教育的学习和实践不能取替社会工作的专业学习和实践，因为生命教育毕竟是希望通过教育的方式，把自己认为对的价值观传递给服务对象，而社工更多的是一种接纳和引导。"生命教育"应该是促进学生自身成长的一种体验而并不是专业内容的灌输。这种融合的张力是必须被关注的。虽然前面的路仍有许多的未知，但我为她的成长而感动，也同时相信，这不单是她个人的故事，也是中国内地一个"群体"的成长故事。

　　事实上，参与四川项目对我的一个冲击是自己对社工教师"角色"的重新定义和理解。"角色"或"身份"的概念在后现代的解读中是一个变动的过程，而不是一组固定的形态。这个变动的过程更新了我们对角色和身份的一些刻板印象和认识。角色不是固定的，随着环境的要求和主体的适应，角色可以是多元和多层次的，在众多的角色性格和表现中，彼此甚至有互相矛盾和冲突的张力。角色的统整并不代表一定要把冲突消减，能够承认这些内在的冲击，更真实地面对张力，才是一种追求至诚的态度。这种态度也代表一种接纳和消化，反映出个体可以在环境和体制的制约下发现和活出内在更"真实"的自我。

　　因此，我所理解的教师身份定位取决于下面几个要素：首先，教师对学科本身的认识和其中价值的信奉是最重要的。他们通过有效的教学方法去传递和引导学生也是必要的。然而，这只是一个最表层的考量。教师本身的价值信念和背景经验前置在知识和技巧之上，是更深层影响教师的动机和行为形成的因素。能够明白教师的背景经验有助于主体反思和理解自我的行动和反应。其次，教师所处的环境，包括朋辈、机构文化和社会脉络，当中提供的资源和挑战也是重要的一些催化元素，是当下的机遇和困境，挑战着教师做出判断和选择的真实场域。

　　2008 年"5·12"地震后，"社工教师"，特别是"四川的社工教师"成为一个突出的"群"，这个"群"本来是个别的、零散的、独立的，但因为这次灾难，社会工作专业的角色被官方和民间认可，大批的外地社工教师和专业团体蜂拥而至，他们带着资源、技术和热情，投入灾后救援和重建的过程中。这些外来的力量，把原本零散的个体聚集起来，一个时代的"专业"洪流迅速席卷并淹没了这个"并不专业"的"专业界"。因为这些外来团体的聚集，四川高校的大部分教师参与到各类的灾后救援和重建项目中，建立了一种对项目团队进而对社工教师这个身份的初步的认同和归属感，这种认同和归属感诚然对大部分四川社工教师来说是一种既陌生又具有吸引力的状态，因为他们找到一个可以参与的机会，有了进入一个场景中学习的过程。当中透过对外来专家团队的学习、模仿，继而透过自己亲身的实践、与这个"群"的交流互动，四川社工教师学会了如何去认识社会工作，认识专业使命和技巧。在实践的互动过程中，他们对前人经验和自己的实践经历做出更具体的理解、整顿、消化、校正和确认，这是一个在参与中的知识修订过程，从一种集体的学习到更个人化的认知和对经验作进一步内化的过程。

这两个并行的过程勾画出一个参与学习者如何在"群"内逐步建立一种更恒定的认同和归属感的轨迹。从参与开始，教师们对社工专业领域有了更丰富和实在的认识，透过实践和反思，他们亦开始拥有相关的专业能力和自信；在这个基础上，教师进一步对专业发展出一种想象，因为看到有更多的同行、更大的需要和更高的理想，这种想象促使教师形成动机，在单一的实践行动外，设想有价值取向的专业蓝图。

生命教育是如何把这批参与的老师真正带进这个专业的呢？我相信不单是因为课程内容的系统化和感染力，更重要的是课堂上人与人的联系和深度的交流以及改变。我在总结我的故事之际，想起了在生命教育课堂上的两次经历：其一是在一堂课上，一位在重灾区任教的小学老师表达了她的不满，她以为课程煽情，在交流的过程中的自省和自我披露有意无意地挖掘他们的痛处。事后我单独与她谈话，在足足四个多小时内她倾倒了一直隐埋在内心的沉痛和内疚。我猜想经历这种矛盾和挣扎的幸存者不只有她，我要分享的重点也不是她沉痛的内容。我想说的是在这次聚会以后她经历的变化。在我们下一次课程的聚会中她告诉我，她在校内组织了一次回想故地的活动，让孩子们以文字记录和怀念那已被毁的家园，她更在全校的早会中分享了这些孩子内心真实的声音，早会上孩子哭了，老师哭了，领导也哭了。她跟我说虽然自己也说不清楚为什么要这样做，但她感觉释然了，她看到其他的人也释然了。或许作为人，我们无法预知自己是否能承载苦难，但这些生命的故事让我们相信，我们在苦难的考验中，仍可以选择谦卑地理解和勇敢地面对。另一个课堂上的经历是2013年我在成都一所小学进行服务，一个小女孩，她样子普通，不善表达，很退缩，但很真挚。她把自己画成一团黑色，但在黑色中间有小小的一片绿，她感到自己内心仍有一种很特别的盼望。她的图画让我有深刻的领悟。我发现除了她，我遇到的其他小孩和成人，他们大多在面对不一样的黑漆漆的困境，但同时在他们内心也有这小小的一片绿，一个小小的盼望。

三 安身、立命

2008 年遇上两位引路人，让我开始理解苦难中的人，也让我更有方向感地接受我的任命。此后我遇上与我同行的社工教师伙伴们，见证他们如何走出"安适区"，如何透过身体力行的投入经历了对专业一种转化的认识及确立了自己的定位。我同时也体会到人在种种环境和制度的约束下如何既卑微又强大地挣扎求存和执着坚持。这些经历不单在转化我对专业实践的理解，也促使我更深刻地去思考和理解一个人生命的"目标"。我记起了在 2008 年的 11 月，我在参观三星堆博物馆后写的一篇日志，记载当日我对一件展品的诠释。这是一件让我久久不能忘怀的展品。

三星堆的旧址是一个大型的祭祀场，里面每一件展品都与祭祀有关。其中一件展品共有三层：最底层是两只兽，它们背上是一圈人，人上有山，山上有一个类似祭坛的方形盛器。虽然我没有办法去考究这件展品的真正含义，但我对它做了具有象征性意义的解读：人最原始的存在状态如一头野兽，我们需要觅食，需要荫庇之居所，需要结伴……有人形容自己的生活如一头牛、一条狗，终日不知所以，活着是被动的，被身心的需要牵动、推动。当人开始能够理解生活的规律、活动的游戏法则、自己的喜好时，他开始摆脱作为"兽"的被动和愚昧。特别是当他意识到自己能有所抉择，自己能影响身边的人和环境时，他可以运用自己的聪明才智去"摆布"生活。通常对生活有要求的人是认真的，是精明的，是善于计划的。他们对人、对己、对事有一套自己的生活原则和取向。但生活却又从来不会完全配合和满足人的需要，生活也从来没有"被操纵"。人可以追求一种非常精致的生活，却永远没有办法逃避面对衰老和顽疾时的狼狈难堪；人可以用情，可以给予，但从来没有把握是否能得到对等的回报。唯有当人的生活有了一个缺口以至看到生活以外的空间时，他们才能有机会思考和认识生活以外关于生命的本质和意义的问题。

我在四川的任务是有目标的。人生有目标是幸福的。目标是深远的，是导向更高更远的境界的。因为有目标，所以每一个行动、决定和经历都变得深具意义。我确信自己有一个位置。如何让人在生活中有所超越？如何让人更深地思考自己作为人的意义和价值？我开始更深刻地对生命有所思考和理解。

这件展品是 2008 年留给我的礼物和启示：生命是祭祀，生命是奉献。

灾难、名利场和自省*

古学斌

2008 年，我刚从美国访学回来。同年，香港理工大学与北京大学共同成立了社会工作研究中心。那时的我，踌躇满志，希望能够大展拳脚，更上一层楼。然而，这个世界有很多事情，有些事情不是自己能够控制的。

2008 年，是一个非常特殊的年份。这一年对于中国人民而言，有荣耀也有灾难，除了举国上下兴奋不已、热血沸腾的北京奥运会，还发生了让世人悲怆哀恸的汶川大地震。有些学者说，这是中国市民社会的元年；也有人说，这是中国社会工作的真正起步。对我而言，2008 意味着什么呢？

2008 年 5 月 12 日，地震发生的那一刻，我正在北京飞往香港的上空。刚回到家，电视里铺天盖地都是关于汶川大地震的消息，我被电视中惨烈的画面吓傻了。接着，我的手机短信不断，其中一个是阮太（香港理工大学副校长阮曾媛琪）问我们中国社会工作硕士（MSW）课程在四川的同学有没有事，需要什么样的帮忙。作为课程主任的我赶紧跟同事叶嘉宝联系，让她发电邮询问四川的情况和需要，我同时也让同事一同为四川祷告。

之后，我陆续收到信息，知道我们在川的学生都平安无事，心里稍有安慰。但看到不断攀升的人员死伤数字和各种极其悲惨的画面，我的内心

---

* 这篇文章纯粹是个人的自我反省和自我对话，文中提及对同事或一些事情的看法，并没有什么恶意，也不是批评，只是想通过这些事回看自己的初心，算是对自己的自我审视与批评吧。

无比沉重。从学生们反馈的信息中，我们了解到他们此刻的需要——希望香港理工大学能够协助培训灾害管理和介入的课程。阮太也紧急联系了中国社会工作教育协会会长王思斌和秘书长史柏年，希望中国社工在这次地震中有所作为，同时也询问那边的需要。第二天，我们跟阮太开了紧急会议，讨论我们应该立即做什么、资金从哪里来。阮太说香港"女工商"已经联系她，愿意资助十万元让我们协助四川地震灾后管理和介入的工作。由于地震发生情况紧急且破坏性强，我们无法第一时间赶赴震区核心地带。经过商讨，我们决定为四川的社工和 NGO 的人员在紧急阶段过后的介入做培训准备，培训培训者（training of trainer）也是我们所擅长的。

坦白地说，我的社工同事们对灾害社会工作真的不懂，更别说有任何实操的经验，我作为人类学者更加不懂灾害社工。尽管如此，我心里只有一个念头——"必须去！得尽快去！"我深知我们在灾害社会工作领域的局限，但相信我们的到来会给四川的同学们极大的鼓舞。今天想起来，我们"同在"对当时在四川的同学们起到了很大的精神支持作用。

5 月 22 日培训启动。我们先做一些基本的培训，之后再请台湾和其他有地震经验地区的学者过来。大家当时都很积极，但由谁来打头阵呢？作为中国网络负责人和 MSW 的课程主任，到灾区一线去是我义不容辞的。当我把前往四川的决定告知母亲时，心里突然觉得好难过。年迈的母亲皱着眉，眼神掠过一丝担忧，让我不敢直视。最终母亲没有阻拦我，因为她知道我们做的一切都是好事，是去帮助受灾的同胞。

想起启程的那天，母亲送我到门口的一幕，我仍不免心酸。她目送我进了电梯，我看到了母亲眼里的不舍。

一　上路

搭上了接我去机场的出租车，熟悉的司机问我："古生，今转又去边呀？"我说："成都。"司机吓了一跳，以为自己没听清楚："去四川？大地震喔！""是呀！去帮手。""哦……"接着我们就一路沉默。

到了机场，我与两位社工同事和两位香港社工机构的资深社工会合，我们也没太多话，只是确定一下成都那边的安排。我知道，大家的内心都很凝重。

两个多小时的航程，在这一次好像显得特别漫长。我努力保持平静。

抵达成都双流机场，我们在等行李的时候看见许多来自国内外的救灾队伍，各式的旗帜队服，显得格外醒目，只有我们几个穿着便服，毫不起眼。我还遇见香港无国界社工机构的社工们，大家互通一下消息并互相祝福后，我们离开机场登上去市区的车。

车子开出机场，我们沿途一路观察，发现一些楼宇受到轻微的损坏，并不是我们在电视上看到的满目疮痍。来接我们的"小母牛"同工跟我们详细介绍了这边的情况，以及"小母牛"的灾后计划。这时我的心情是吊诡的，既松了一口气，又有点失望。现在想来，可能是救灾英雄主义在作祟吧。

在成都的街上，随处可见地震发生过后的痕迹，楼房受损，有些已经倒塌了，但不多。我们住进了一家装修简单的宾馆，不自觉地审视周遭，好像宾馆挺稳固的。进房间就发现墙壁上有一条很明显的裂缝，但我顾不了太多，先向母亲报了平安。

我跟另两名同事约定先休息一下，之后再碰头讨论明天培训的具体安排。放好行李，将疲惫的身子平躺下来，周围异常安静，我们也许是这宾馆仅有的几名住客。窗外不时有急救车呼啸而过，气氛紧张。

第二天，我们来到了"小母牛"成都办公室，他们的负责人陈太勇是我们香港理工大学（以下简称"理大"）与北大合办的 MSW 的毕业生，一切交给他去安排，我们都很放心。一进培训教室，只见不足 20 平方米的房间里坐满了来参加培训的学员，有不少陌生的面孔，都带着期待的眼神。

在"热身"游戏之后，培训正式开始，我来打头阵。这几年，虽然我们围绕农村发展积累了丰富的经验，但在灾后重建方面还是一片空白。来之前，我在网上搜索了一些资料，特别是台湾的资料，自己消化，弄了一个名为自然灾害与社会工作的 PPT。身为老教师，讲课对我而言已经不是什么问题，但这次却有些心虚，特别是看着大家那种渴望的眼神，让我紧张到手心冒汗。我梳理了从灾难中重新看社工的角色、中国社工当下可以做什么、我们灾后可以做什么、我们长远在灾区可以做什么等几个主题，硬生生地讲了一堂课。现在回头看，当时讲的那些都是一些大道理，对于在座的听众到底有何意义，我也不大确定。接着我的同事和小童群益会的社工分别讲了一些关于社工服务案主的技巧，特别是判断和回应 PDSD（创伤后压力失调症）的方法，他们也许知道自己所讲的不一定适合当下的需要，所以，不断地强调要结合在地的实际情况。

两天的培训，大家都很积极，我们很快组建了灾区暑期青少年活动营，支持在地高校暑假进入灾区。到了 8 月份，我们在西南石油大学办了第二期培训，我的 PPT 题目为"灾区重建的理念与手法"。因为已经有了一些灾区实务的经验，这次的讲座我比较有底气地讲优势视角、讲灾后社区工作的范围和社区工作的手法（从评估的技巧、行动计划、资源链接到陪伴过程）等内容，这些内容今天来看都没有过时，但当时的认识还是有点浅。其中有一张 PPT，我至今还印象深刻，因为它是我当时切身的感受。那张 PPT 叫"盼望（hope）的社区工作"。我深信盼望是一种心灵的支撑，它孕育社会工作的动力和韧性。我们还请来台湾参与过灾区工作的社工分享了经验。在此期间，我们用尽了我们的人脉和资源，尽最大努力去帮助受灾的同胞。

正是因为有着共同的目标，我们香港的团队很同心协力，彼此不计较个人的得失，彼此扶持，互相激励，那感觉真是美好。

二 进入灾区

第一次培训完后，我就跟张和清联系，知道他们很快会进入震中映秀。但他说现在灾区的形势很复杂，让我们等他们安顿下来再进入。

张和清、杨锡聪和我这个组合的默契是过去 7 年云南平寨项目磨合出来的。大家彼此信任，理论取向也接近，所以行动起来都能彼此配合。我们一边等候张和清的消息，一边在香港筹划我们未来的工作。2008 年 6 月，我们终于再次来到四川，准备进入映秀与张一起作战。

当时进映秀的路还不是很通畅，从都江堰到映秀的高速公路已经震垮了，只能走老路。老路经常堵塞，也常常交通管制，加上余震不断，山上时常有石头滚下来，塌方、泥石流造成道路的状况非常难以预测。我们只能绕雅安、夹金山、汶川到映秀。记得当时下着雨，我们到达山顶时还飘着雪，在山顶遇见藏族小伙子在卖烤羊肉，我们一起烤着火，啃着羊肉串的情景还历历在目。

车子接近汶川的时候，我才开始感受到地震的真正威力。山川移位，像胸口被硬生生撕裂般恐怖，不少房子倒塌，我们到的时候，许多地方已经被清理过了，即便如此，还是能看到地震巨大破坏力的后果。到达汶川县城已经是下午，我们先到县政府去打了招呼，每个人都忙碌着，互通了一下信息之后，我们自己在县上兜了好几圈才找到一家算是比较安全的招待所。招待所只有三四层楼，外墙有一些裂缝，我们还在犹豫要不要住下的时候，老板说县上没有其他住的地方了，我们只能在这简陋的宾馆住下。大家分了房间，约好有事立马互相通气，休息一下，6 点钟下楼吃饭。进了房间，疲惫地躺下，看着有裂痕的天花板，我的心空荡荡的。虽然经过舟车劳顿，却没有睡意，我掏出手机，照旧先跟母亲报个平安，然后继续发呆。

突然，感觉床好像在动，我心里咯噔一下，"应该是余震。""……我该做些什么呢？""……好像也做不了什么。"我又躺下。床继续晃动了两下，就停了。我一直在乱想，如果突然又有大地震，我该怎么逃，逃得了吗？

吃饭前，我们又在县城周边兜了一下，看了几个村子，也入户探访了一些村民。房屋普遍受损严重，遇见的村民表现很不一样，有的人面对家人去世表现得很哀伤，有的很平静；不少村民已经自发行动起来了，有人在清理倒塌的房子，也有人在协力修房子。偏远乡村的老百姓真的很淳朴，他们大多靠天吃饭，每年多少都会遇到各种的灾难，只不过这次灾难的危重程度远远超过人们的想象。他们忍耐着，默默地承受这突如其来的灾难，继续过着自己的日子。

次日，我们继续赶往映秀，黄昏的时候我们终于到了震中映秀。

进入映秀，我看见一望无际的板房区，工程车、军车来来往往，尘土飞扬。经过这一震，小镇曾经的荣耀和繁华，瞬间化作泡影。映秀全镇面积 115.12 平方公里，人口 1.2 万余人，辖 7 个行政村 31 个村民小组，汉、藏、羌等兄弟民族交错居住。它曾经是一个地理位置优越、经济富足、第三产业发达、水电矿产企业集中的小镇。大部分农户以种植果蔬和经济林为主，用当地农民的话说："地里的收成可以供屋里头（养家糊口）！"除此之外，许多村民也会打工和做生意，因为震前的映秀分布着映秀湾电厂、太平驿电站、耿达电站、渔子溪电站和福堂坝电站等十几家大中小型电站，同时还有阿坝州制药厂、阿坝铝厂等厂矿企业，这些企业为当地农民提供了许多就业机会。作为阿坝州的门户，映秀是通往九寨沟和卧龙旅游区的必经之地，素有阿坝州南大门之称。记得我中学毕业旅行去九寨沟也途经此地。映秀的服务业，尤其是餐饮、娱乐业也相当发达。居民这样形容震前的映秀："镇中心的大街上到处都是餐馆、茶楼，到了晚上热闹得很，大部分人都出来吃烧烤、吃'串串香'（四川特色小吃），卡拉 OK 里年轻人多得很。那时候我们这里一点儿也不亚于都江堰！"

只可惜这样的繁华景象一去不复返了。全镇 7 个行政村有 4 个村房屋耕地全毁，剩余的 3 个行政村只留下摇摇欲坠的几栋房子，地里的庄稼几乎颗粒无收。镇中心的学校、机关、商业中心等被夷为平地。我们到灾区现场的时候，看到被震垮的巨大废墟已经变成疫区被封锁起来，我们只能远远地观望，那场景是非常震撼的。幸存者绝大多数被集中安置在位于镇中心由广东省援建的 1700 余套板房里，抗震救灾前线指挥部设立在映秀镇板房区。虽然民众的生活得到了暂时的安置，但他们既面临失地和失业的双重生计困扰，也面临必须适应安置区社区生活的困扰。如何帮助安置区（社区）"居民"应对沉重的生活和生计压力，是我们面临的首要任务。

我们的社工站驻扎在岷江堤坝边上，政府给我们分配了三间板房。当广州其他高校的老师们离开之后，我们正式住进去了。在映秀的日子，在张和清的带领下，我们还走访了另外两个受灾严重的乡镇——漩口镇和水磨镇，它们与映秀并称为"映秀三镇"。我们还马不停蹄地前往汶川其他灾区，当中有受灾最为严重的草坡乡、七盘沟村、萝卜寨村和万寨村。我们探访了很多村子，入户跟老百姓访谈，也跟政府的官员见了面，到了公墓拜祭，岷江对岸的黄家院村和黄家村，我们曾去探访过，那里的村民没有板房，只能居住在临时搭建的帐篷和简易的棚屋里。在探访过的村庄中，黄家院村和黄家村的情况对我们触动比较大。

黄家院村是映秀最边远的一个村庄，地震发生后，许多村民冒着飞扬的尘土，顶着滑坡泥石流的危险，翻山越岭，从天崩地裂的家乡逃往都江堰和映秀，400 多村民很快被集体安置到成都双流的临时安置点。我们到村子探访时，安置在双流的村民已经返乡 20 多天，在岷江边的河堤上搭建简易帐篷寄居。返乡后的村民始终忙于讨生活，每天冒着泥石流滑坡的危险逆岷江而上到镇上买菜购物，然后顺岷江而下返回被损毁的家园喂猪、掏东西，往返要 7 个小时。全镇其他村子都分了板房，唯独黄家院村和黄家村村民仍住在帐篷里。每天天刚擦亮，他们就背上竹篓长途跋涉，回到自家的废墟里掏出木板、砖头、锅碗瓢盆和衣物等日用品背回帐篷再利用，用几块石头垒一垒就是炉灶，靠稀饭度日。

与黄家院村相邻的黄家村被安置在原先村子山脚下的一小块空地上，地理位置极为偏僻。村民们每天都要沿着悬崖边崎岖的山路到镇上买菜购物，沿途的泥石流塌方随时威胁着这些劫后余生的幸存者。后来黄家院村村民从岷江河堤迁到板房区的帐篷里的时候，黄家村村民仍然住在岷江对岸的临时帐篷里。村民饮用水非常困难，他们每天都要提着水桶从 500 米外的山沟里取水，来回需要半个多小时。地震后，黄家村一直没有电，到了晚上帐篷区一片漆黑，村民说："我们现在完全与世隔绝。没有电视看，手机不能充电，要想与外界联系只能冒着生命危险走到镇上，但是每一次外出都是在拿自己的生命开玩笑。"因为空间狭小，帐篷一个紧挨着一个，几家人共用一个锅灶，锅灶紧挨着帐篷，随时都有着火的危险。遇上下雨天气，柴火点不燃，村民只有挨饿。天晴帐篷里闷热难耐，下雨帐篷里积水难排，遇上阴冷天气，许多老人和孩子都会生病，因为交通不便，他们无法得到及时治疗，小病拖成大病。黄家村就像一座孤岛，村里的人出不来，外面的人进不去，成为被"遗忘"的角落。不知道这种"被遗忘"是不是好事，俗话说："塞翁失马，焉知非福。"当其他映秀人在重建中仍居无定所的时候，黄家村村民通过辛勤劳动和艰苦努力，用自己的双手重建家园，最先返回自己的家园，这是后话了。

我们每次探望村民，遇到的大部分是老人家，说起这次地震的经历，说起家破人亡，老人家们都会忍不住掉眼泪，我们也特不好受，我一直怕看见别人掉眼泪，特别是老人家。但此时此刻我们无法回避他们的眼泪，急切地希望能为他们做点什么。

眼看就要入秋冬了，映秀的许多百姓还住在普通帐篷里，大家都很担心。我们很快联系了香港、广州等地的民间组织，将爱心人士捐献的物品与灾区民众的需求链接起来，这就是后来我们在一些文章中总结的社工在灾区的角色就是链接资源者。记得我们探访黄家院村的帐篷安置点时，看见我们社工站链接广东狮子会向映秀镇黄家院村帐篷安置点捐赠的300张床及300套床上用品，虽然我们只是做了链接的工作，但看见底层的老百姓得到帮助，心里那种温暖的感觉对我而言却是美好的。之后我们还帮助村民链接到电暖风扇，从成都YMCA链接到给黄家院村老人和小孩的冬衣，从文化更新（国际）基金会链接到1000件冬衣送给映秀和草坡每一位60岁以上的老人，组织发动妇女们织毛衣送毛衣的"暖冬计划"，等等。我觉得我们社工站当时的确非常棒，大家都有一颗怜悯的心，坚持社会工作的公平正义原则。说这些点滴不是要夸耀我们社工站做了什么，而是想说我们这些喜欢高谈理论的学者在这场大灾难面前，来到灾区是需要学习谦卑的，不管大事小情，如何尽心尽意地去陪伴、去聆听、去回应，我们都在学习。

在映秀的那段时间让一直享受安逸的我体味到了未曾有过的哀伤。虽然当年在贵州和云南农村，我也见过农民贫困之苦，但灾难带来的家破人亡之痛，在我人生中还是第一次遇见。还记得在我们板房后窗对着的一户，住着一个女孩，她家人都在这次地震中遇难了，只有她一人幸存。每次望着她的背影，我心里都会一阵酸楚。这许许多多的人与事如要今天一一细说，回忆之重恐怕我的笔难以承受。但是，灾区民众的坚强和韧力是令我刻骨铭心的。

广州社工站扎根映秀，跟社区民众建立了很好的关系，特别是跟妇女有很多联系。许多妇女失去了亲人，又一无所有，但她们的那种坚韧确实让我难以想象。有一天，社工告诉我们晚上不用到外面吃饭了，杨二妹要请我们到她家板房吃火锅。我们有点犹豫，一方面能够理解村民的热情好客，但十几个人在这种情况下到她家吃饭，会不会添麻烦呢？杨二妹请了几位好姐妹帮忙，不断过来喊，盛情难却，我们还是去了。后来才知道杨二妹地震前就是开火锅店的，怪不得味道那么地道。这顿饭大家吃得很开心，有说有笑，围在火锅边，每个人的脸都泛红了。我们喝了些酒，借着酒意，我们轮流唱起歌来。杨师傅唱起每次必唱的香港乐队 beyond 的《海阔天空》，裴谕新唱的是《甜蜜蜜》，张和清好像是唱了《天路》，而我唱的是邓丽君的《恰似你的温柔》。其间我们不经意还是会聊到这次地震的事，我们都很小心说话，怕勾动了大家的伤心，我们也在无意识间会说一些安慰的话，但每次杨二妹和其他妇女都会说"没得事，没得事"。她们越是这么说，我心里越是不好受。她们的坚韧和乐观鼓励了我们，也坚定了我要在映秀与她们同行下去的决心。

在映秀发生过的很多事都在促使我下决心继续走下去，其中一个因素就是我与张和清他们的那一份情谊。记得我第二次进汶川草坡乡的那天已经很晚了，村里一片漆黑，我们在水电站跟村民聚会，那时还没有重建，唯一可以聚会的地方就是水电站。那天晚上来了很多村民，村干部不知道从哪里弄来了烤全羊，大家都很高兴，点起了篝火，跳起了锅庄，我也加入了其中。

那天晚上很冷，大家围着火，喝着酒，跳着舞，情绪高涨，那气氛真是无与伦比，许多人都发言了。大家都决心要在灾后重建中把草坡建设好，彼此鼓励，令人甚是感动。当天晚上大家似乎都喝多了，一直喝到很晚，有笑的，有哭的，仿佛要把地震后被压抑的心情一下都宣泄出来。张和清也哭了，在发言的时候不断说我们是一起走了 7 年的战友，后来又走到我跟前含着泪说："阿古，我们一起走了 7 年了，难得呀，你要继续支持我们啊。"我也动情了，说："一定的！一定的！……"

那天晚上他的表现有些反常，我想这跟接下来如何坚守灾区工作的压力有关。因为广州民政已经建议退出映秀，这也意味着接下来经费会有问题。我能感受到快乐气氛中隐约透露着沉重，能感受到张和清带领团队在灾区承受的那份压力，谁心里都没底呀！

我的心酸酸的。那天晚上，睡在水电站寒冷的房间里，我忍不住流泪了。心里默默地有了一个决定，这条路一定得一起走下去！

三　筹款和宣传

进出映秀，每次回来我的心情都有点沉重，心中承载的不单是对团队的承诺，还有村民的眼泪和情感。回想当时，我自己的这些情绪也是需要被分担和释放的。与团队的同事虽然可以彼此分享和支持，但他们自己也是承担很多，彼此见面时我都没有说出自己内心的一些东西。而且大家都马不停蹄，碰面不容易。其实进入灾区工作和协力的人，如果是带着真心投入灾区，每个人必定都负载着各种的东西（包括责任、情感等），慢慢挤压的莫可名状的东西同样需要出口。虽然我一直觉得自己内心很强大，没有太多情绪起伏，但其实并不是的，只是我的内心深处未曾察觉。

第一次从映秀回来，我心里已经决定要跟张和清他们一起走下去，因为需求太多了。我跟阮太汇报了我们的看法，希望能够在映秀起码坚守三年灾后社区重建项目。当时香港择善基金会有支持灾后重建项目的意思，于是我们需要尽快交出一份英文的计划书。我当时事务缠身，真的无暇准备，是一位刚加入我们系的同事 Guat Tin，一口答应帮忙写申请书，毫无私心，这很让我感动，因为之后她没有动用这笔捐款的一分一毫。

很快基金会答应给我们 450000 美元的捐款，支持我们在映秀和清平两个点的工作。钱到了之后，怎么分配呢？这是一笔不小的资源，很多人都想多拿。有一天，回到办公室，我们研究中心的行政发来了一封邮件，说明这笔捐款的分配情况。我打开附件一看，一下子傻眼了！一股无名火就窜了上来。清平拿走了经费的三分之二，凭什么？难道映秀的项目不重要？我跑去了解，原因也是不清不楚，心里觉得不公平，但又必须按捺住情绪。

之后，我们与"理大"灾后团队也渐行渐远。"理大"与川大得到香港赛马会两亿人民币的捐款，轰轰烈烈地干起了灾后重建学院的事业，那是之后的事情了。而我们扎根在映秀，默默地走我们的路。之后几年，我们的项目除了偶尔被叫去报告一下，在"理大"灾后重建的舞台上几乎被边缘化或者说是缺席。我不太愿意宣传是因为自己内心一直有一个想法，相信做实事总会被看得到。

四　"映秀母亲"之名

听说"5·12"地震后不久，有很多心理专家去了灾区，但好像这些专家们得到的评价却比较负面，因为他们大都是带着学术研究的动机进去，收问卷、收集故事然后就拍拍屁股走了。在地民众的伤痛一次次被挖出来，却得不到真正的回应，反而被伤得更深。当时灾区有"防火、防盗、防心理咨询"的说法。讽刺的是，2008 年的映秀因为是"明星"灾区的缘故，备受各方面的关注，学者们当然也是关注者之一。这里遇难丧亲的家庭很多，大家都认定心理咨询和哀伤辅导的介入很有必要。然而，在映秀没有像其他灾区那样出现心理咨询"横行"的现象。现在想起来，应该跟一开始广东团队是张和清领头有关吧，因为我们的团队对于做心理咨询一直有保留。不是说在地民众的哀伤不需要处理，但不是西方那一套就可以回应得到的。中国老百姓灾后表现出来的那股韧劲，绝不是坐在心理咨询室的专家们可以想象的。还有，支撑他们生命存活的动力到底是什么呢？什么样的支持对他们来讲才是有意义的呢？这些心理专家们未必都懂。

"映秀母亲"项目刚启动的时候我没在现场，到映秀之后，我就一直积极参与。我一直觉得"映秀母亲"项目做得非常棒。这个项目得从震后第 43 天说起，我们团队来到被称为"震中的震中"的张家坪村，围坐在我们身旁的几个妇女都有亲人遇难的遭遇，其中两位妇女丧失了两个孩子。她们悲伤低落的情绪感染着所有人。通过多次接触，我们发现了其中一位叫余二妹的妇女的一幅十字绣画稿，这才知道当地的妇女有刺绣的传统，羌藏妇女一般都会做传统的羌绣、藏绣，汉族妇女也会纳鞋垫、做十字绣。于是团队开始设想，能不能利用当地妇女的特长，培育出一个妇女刺绣小组，这样，她们既可以常常有机会聚在一起做刺绣、谈心里话，彼此支持，又能在做刺绣的过程中转移注意力，把心思放到有意义的事情上来。而我们社工，既可以扮演能力促进者的角色，把妇女们组织起来，发挥她们刺绣的优势，制作出精美的手工艺品，又能够发挥资源链接者的作用，帮她们到外面寻找潜在的销售市场。这样，刺绣不但能成为一个团体疗伤行动，还可以发展为生计项目。

当我们把刺绣的想法同妇女们商量时，她们说："地震发生后政府和很多志愿者都来帮我们，我们很感动，但将来的生活还得要靠自己。我们要照顾家庭和小孩，很多人都没得办法到外面打工。如果在家绣花能带来收入，哪怕只有一点点，我们也很乐意去做。"于是，我们很快地联络到成都基督教女青年会（以下简称女青年会），他们决定出资6万元，收购妇女们所做的绣品，而且资助我们把妇女的绣品带到广州，以"映秀母亲"为主题举办一次展览拍卖会，并将拍卖的收入作为"映秀母亲"发展基金，资助更多的映秀老百姓自力更生、恢复生计、重建家园。

说起来容易，具体到操作层面，组织培育真是一个艰难的过程。首先妇女小组的成员们，在经历了地震、丧亲、失去家园和土地等灭顶之灾后，重新聚拢在一起，共同做一件事，这其中必然要经历一个磨合期。当董四妹第一次从成都荷花池市场买线和布回来时，妇女们就向我们告状："董四妹不懂刺绣，买回来的线颜色不鲜艳，绣出的花不好看。"我们反问道："不是你们集体决定让董四妹去买的吗?"妇女们虽然嘴上不说什么了，但她们心里有气，开始疏远董四妹，亲近余二妹，因为余二妹懂刺绣，又愿意把自己家的线分给大家使用。后来，当我们召集妇女们开会时，董四妹一个人都喊不过来，我们只能请余二妹出面。

余二妹成了技术领袖。她做什么，妇女们就跟着做。余二妹自己设计，做了一幅羌绣，天头绣"5·12"，左边绣"广州"，右边绣"汶川"，底下绣"余二妹"。妇女们全都跟着做，只不过都署上自己的名字。妇女们不识字，她们从未绣过汉字，虽然字绣得歪歪扭扭，但看起来非常感人。当大家意识到每个人都这样绣显得很单调时，恰好我和同事杨锡聪（大家习惯称为杨师傅）开始加入团队了，我之前在云南、贵州等地培育过妇女刺绣小组，在艺术鉴赏和组织妇女等方面还算是有点经验。我们就把妇女们召集在一起，由我来介绍经验并评价她们的作品。那次会议开得很成功，有 30 多名妇女和看热闹的村民与会。我们肯定了妇女的"署名权"意识，同时也让她们意识到应该最大限度地挖掘古老的羌绣艺术，而不是一味地去迎合现代人的快速消费心理，这样她们的作品才更具有艺术价值和市场潜力。我们之后还请来了云南团队妇女手工艺互助组的核心成员，让她们介绍云南的手工艺产品和互助组的运作，给"映秀母亲"带来很大的鼓励。

"映秀母亲"刺绣除了恢复传统羌绣外，更有特色的是"映秀母亲"孩子的儿童画绣品。这跟董四妹有很大的关系，她的两个女儿都遇难了，她很想把女儿生前的画用刺绣保留下来。她自己没有和妇女们一起绣羌绣，而是躲在家里绣遇难女儿的遗画。我们鼓励她把半成品带到会上给大家展示，没想到这件未完成的作品得到了姐妹们的啧啧称赞，一些妇女还向她请教。得到肯定和鼓励的董四妹脸上终于露出了笑容，她重新活跃起来，将自己探索的绣法详细地讲给姐妹们听。许多妇女都对绣儿童画产生了兴趣，我们一方面鼓励妇女们发动自己的孩子画画，然后将画作绣出来，另一方面我们也将之前夏令营上映秀儿童的作品交给妇女们刺绣。没想到这之后，除了羌绣，绣儿童画成为妇女小组新的经济增长点。

经过不断地磨合，张家坪妇女小组有了明确的方向和目标，大家逐渐意识到只有合作才能成功。在随后一个月里，张家坪妇女小组由 5 人增加到 11 人，组员的年龄从 19 岁到 45 岁不等。妇女小组之所以会扩大，与我们创造的两个机制有紧密关系：一是通过培育其他妇女小组促使张家坪妇女必须合作；二是组织刺绣作品现场收购会。

为了帮助更多的妇女生产自救，8 月初我们开始深入中滩堡和枫香树两个村培育妇女刺绣小组。尽管这两个村的妇女积极性不太高，但她们也开始行动起来，一些妇女还来社工站跟我们拉家常。没想到其他村的妇女行动起来，刺激了张家坪妇女小组，她们变得更加团结，不仅扩大了妇女小组成员，还主动向我们征询集体画设计方案的意见。

另一方面，眼看着董四妹、余二妹等姐妹在一个多月的时间里绣好了许多幅作品，为了调动张家坪妇女小组的积极性，也借机向其他妇女展示她们的作品，我们联合女青年会，举办了第一场刺绣作品现场收购会。为了开好这次大会，我们与妇女们约定三项定价原则：一是绣品难度大，时间花费长，自然收购价要高一些，这体现了劳动的价值；二是同样一幅绣品，有的人绣得好，有的人是新手，质量差异要体现；三是羌绣的文化意义，还有妇女们重整心情、生产自救的意义要体现出来。

但具体定价还是有些难度，妇女们连续开了三次会，才把每幅绣品的价格确定下来。初学刺绣的杨三妹说："我的一幅儿童画绣了10天，每天都从早上绣到晚上12点多钟，就算出去打工，一天也要30元吧，那么这幅画最起码要300元。"余二妹坚决不同意这个说法。她说："在家做活不同于去外面打工。在家里可以做饭、看电视、带小孩，有时候忙起来，刺绣就放下了，一天才做两三个小时，有时候几天不做活。真正每天都连着做，一幅画3天就应该做好了。再说现在外面哪有工可打呢？一天按20元就可以了。大家既然想把这个当成活路做，做长久，就不能像以前卖给游客的那样，漫天要价。一幅画本来值100元，现在只能卖50元。"

杨三妹定价太高，余二妹定价过低，最后折中方案是，大家把相同类别的绣品排在一起，先评出一个最好的作品，按照一天20元计算，就是这幅作品的价格，其他作品依质论价。在每个类别里面，最好的作品加价50元，初学者的第一幅作品值50元，以资鼓励。就这样，我们同妇女们一起讨论并确定了每幅作品的收购价。小组内部有了充分的沟通和协商后，第一次收购会开得很成功，女青年会不仅接受了妇女的定价，还充分肯定了集体议价的做法。第一次收购会后，余二妹、董四妹成为小组的实际领导。余二妹绣活做得好，又关心小组的长远发展，负责技术方面的工作；董四妹在儿童画刺绣、对外公关方面有特长，就负责外联工作。收购会后，余二妹和姐妹们商量后，很快归还了之前借我们的本钱，并计划合作绣一幅"映秀母亲"的主题画。

妇女小组的成长使我们深感欣慰，同时也更加坚定了我们承担下列角色——小组支持者、促进者、引导者、协调者、鼓励者等——的决心。首先，能力促进者的角色定位使我们把激发妇女们自主性（主体性）放在优先地位。最初遇到董四妹等妇女的时候，我们没有急于为她们提供心理辅导，而是采用倾听的办法，建立起双方交流的平台，在倾听中建立信任关系，在倾听中深刻理解妇女们的需要。例如，通过倾听，我们把刺绣儿童画与母亲对遇难孩子的心灵寄托连接起来。当母亲们用心去寄托哀思时，她们的自主性和潜能得到最大限度的发挥。其次，培育了互助合作组织及其小组骨干。我们强调外面的人关心的是所有的"映秀母亲"，而不是只关心某个人，个体的劳动只有通过集体的力量展示出来，才能得到认可。我们还强调，大家是一个集体，不管大事小事，都要集体协商，集体做决定，集体承担责任。因此，当她们中间出现矛盾，私下向我们告状时，我们总是告诉她们，要大家坐在一起面对面地将事情说清楚……这样，张家坪妇女小组的凝聚力不断增强。在"映秀母亲"刚开始的时候，我们扮演的是组织培育的权威角色，但当小组骨干出现时，我们就逐步淡出，支持董四妹、余二妹等小组骨干，让她们在技术设计、会场布置、组织开会、收购议价等关键时刻发挥核心作用。最后，链接外部资源，创造小组发展的动力。我们不仅链接了女青年会的资金收购妇女们的绣品，还积极筹备第二年的广州拍卖会，这些外部资源都无疑推动了小组的成长。

不管我们团队是否懂得包装和宣传，但在 2008 年灾区所做的事情，今天看来也是很有创意和具有本土化特色的，引起了人们的关注，也被有识之士认可。譬如阮太处在"理大"副校长的位置，一方面是从学校的层面去考虑资源投放的问题，另一方面也高度认同我们所做的事情，在资金支持上还是对我们有一些帮助。即便是那些搞心理咨询的老师，对我们"映秀母亲"项目也很有兴趣。可能是由于裴谕新在我们团队的缘故，她是港大博士毕业，很快那边的老师也知道了我们的项目。

灾难面前，谁能保有初心？当灾难可以变成获取名利的机会时，谁能站稳脚跟？与权力同谋，与名利为伍，恐怕也是不足为奇的。同事和上司也许觉得我们不会宣传自己、不懂包装，太低调，但是，踏在别人的伤痛上做这一切过不了我的道德认知这一关！是我的"无能"保住了我的道德底线。尽管我们团队低调，但"映秀母亲"仍然小有名气，2008 年之后，在我们工作的地区出现过混淆视听的"××妈妈"的高仿项目。这是我们在灾后看到的一些怪象，但也反映了中国学术界和公益圈一些核心的议题。灾难变成了一些人成名或是敛财的机会，他们打着学术和公益的幌子，竟变得名正言顺。

五　专家驾临

川大与"理大"的合作并没有想象中顺利，中间的细节也不便在此细说。后来，"理大"把映秀作为介入灾后重建的一个重点，希望能够进行综合性介入。10月份"理大"来了许多人，是人数最多的一次，有家庭治疗方面的专家、资深的社工督导，还有杨师傅和我这种非专业人士。我和杨师傅认为要以张和清他们前期在社区工作的基础来做长远的社区发展工作。其他的同事，都是第一次来到映秀，也摸索各自可能介入的部分。来之前，说好是大家作为团队一起工作，从不同的侧重点综合介入。

作为一个团队共同工作是理想，但在实际工作时却遭遇重重困难。古人有一句话：文人相轻。我们这些学者都有自己的骄傲，包括我自己，口口声声宣称自己不是专家，强调尊重差异，落实到自己身上却是另一回事。现在回想起来也觉得可笑，我们这些外来的专家，自己也没经历过什么灾难，突然空降到灾区，怎么就变成专家了呢？怎么就觉得自己的模式和方法就没有问题呢？哪来的自信呢？还不是学术界的文化识盲（cultural illiteracy）。

因为我们主张走社区发展的方向，所以我们大部分时间都是张和清带着我们在社区转。另外的同事因为定位是学校社会工作，他们都往学校里钻，更多的是跟校长和老师打交道。本来这也没什么，灾区很大，事情很多，同事之间有分工是好事情，但后来我才发现，说起来是分工，其实背后是谁都不服从谁的一种表现，分了工就可以自己说了算，自己当老大。

在映秀板房发生的一件事，如果不是被同事多次提起用以说明我跟他之间的分别，我都快记不起来了。这件事在同事那里被演绎为后现代和后实证范式不同的证据，几次传到我耳边，让我开始回忆当时到底发生了什么事，反思这件事到底反映了什么。

事情是这样的。一天，我和杨师傅在板房聊事情，我的同事急匆匆地跑进来，告诉我们板房区的几个小孩在打架，而且打得很凶，他赶来喊社工阻止他们，否则会出事。他认为灾难造成人们严重的心理创伤，灾后会慢慢浮现。

听完他这样讲，我只跟杨师傅对看了一下，没有回应，心想精神健康不是我们要做的吧。杨师傅听完后，用他一贯的风格悠悠地问："你怎么就觉得小孩子打架是有问题的？"

本来是希望得到我们的认同，杨师傅这样反问，同事就急了。他说："打得很凶呀，出血了。我觉得跟震后的心理创伤有关系。"

杨师傅继续一连串的挑战："你怎么就觉得他们的打架就是震后创伤后遗症？""你为何要介入？""为何要把小孩打架问题化！"

可能是杨师傅的提问让这位同事不舒服，他跟杨师傅争论了起来。具体争论的细节，我已经记不清了，主要涉及一堆震后创伤的理论。杨师傅没有让步，一直追问这位同事问题背后的后设。我也没怎么插嘴，只说了"在我们小时候，男孩打架是很正常的事"之类的话。

这其实是我们在灾区发生的一件小事，但可能就是因为这件小事，我们无法一起合作。实际上，"理大"在映秀的项目分成了两个团队，工作上较少有交叉，两个团队互不干涉，隐约又存在竞争关系，包括在资源和名气方面暗暗较劲。现在回想起来，觉得社会工作的不同取向和理论视角影响着我们对灾区各种事情的判断，谁对谁错，实际上很难说得清，只能说我们的角度不同而已。

六　一个人的"锅庄舞"

锅庄是羌族舞蹈的名称，我们进入映秀不久就了解到它对羌族民众的意义。进入 10 月后的映秀，晚上开始变冷，我们就开始组织妇女们跳舞，围着火堆跳锅庄既可以作为社区的娱乐活动，也可以暖暖身子，而且跟大家一起跳跳锅庄，也容易拉近我们和当地民众的距离。这是我们最初对跳锅庄舞朴素简单的想法。

2008 年的冬天，我们再次来到映秀推动工作。记得是 12 月的一天下午，我、小裴还有那位同事刚好都在社工站的板房聊天，聊着聊着就说到锅庄舞上面去了，小裴突然冒出一个想法，就是我们组织一次映秀锅庄舞大赛，一方面通过比赛让大家可以组织起来，另一方面也可以让社区热闹热闹。当时我是同意的，表示可以一起合作。我们很快地把这个构思跟团队商量，得到大家赞同，我们接着跟妇女们沟通，她们也很高兴。接着大家就分工筹划在映秀举行一次大型锅庄舞比赛，时间定在第二年的 5 月 1 日劳动节。

之后，我回了香港一阵子，但大家在电邮上继续跟进这件事。因为需要经费，而我们社区发展这边的经费有点紧，那位同事同意用他精神健康项目的经费，但需要起草计划书，让基金会通过。翻开我们当时的记录，我们的计划书应该是 2008 年年底就起草好的，初稿我们的目标是写着："映秀镇是一个藏族、羌族、汉族三族混居的地方，许多人都喜欢跳一种藏族的民间舞蹈——锅庄。这个项目可透过调动映秀群众参与锅庄的热情，达到舒缓情绪的目的，并丰富映秀镇震后群众文化生活，重塑震后映秀的公众形象。"

后来的计划书却被修改为"映秀镇是一个藏族、羌族、汉族三族混居的地方，很多人都会跳一种藏族的民间舞蹈——锅庄。我们欣喜地发现，无论男女老少都喜欢参与到这种民间舞蹈中来。如果加以利用，跳锅庄应该可以成为一种很好的舒缓负面情绪的平台。它一方面能够促进群众相互交流，另一方面也兼具舞蹈治疗的作用，同时还有很好的群众基础。我们希望联合映秀镇政府，以镇政府牵头，工作站负责协调、联络的方式，举行一次锅庄舞大赛，调动映秀群众参与锅庄的热情，让大家在参与中达到舒缓情绪的目的，同时也丰富映秀镇震后群众文化生活，重塑震后映秀的公众形象"。

这个原本是社区民众自己的事，变成了镇政府组织的活动，社工站的角色变成配合政府工作；原先没说这个社区活动是舞蹈治疗，怎么就变成治疗了呢？但是由于活动经费不是我们出的，所以我们在整件事情上突然变得很被动，整个社工站只是在配合工作。

我不是说这样的构想不好，我只是心里不解：这样跳一两次舞或者举行个大型的舞蹈比赛是否就真的能起到治疗的功效呢？把村民召集起来跳了舞之后，到底对治疗他们的创伤有多大帮助呢？虽然我反对传统心理学的做法，但起码还会做前测后测，看看被治疗者的变化吧。

七　回看初心

四川地震对每一个人的意义都不同，对我来说，这次地震让我跟社会工作越走越近，也让我对自己的认识更加深刻，当然，我也跟某些东西渐行渐远。

在灾难过后，多少人痛苦流离、哭泣绝望，纵使自己有多大的爱心，有多么丰富的"专业"经验，多么投入，但面对海量的需求，只要我们真实面对自己的感受，就不得不承认自己时常感到无奈，我们是那么渺小及无能。我作为一直倡导"优势视角"、"资产为本"的学者，这样说好像是在扇自己耳光，质疑自己所相信的价值，其实不然，我在灾后的分享中仍然不断分享这些理论视角、强调社会工作的核心价值观：相信人的能力，肯定人能解决自己的问题，肯定人有正面的资源。但要相信民众、相信"优势视角"等，自己首先必须经历一番被摧毁与重建的洗礼，那就是要先摧毁自己盲目的专业自信，社会工作者若不先看清自己的软弱和渺小，就会被自己虚假的专业外衣所欺骗，以为自己的专业可以拯救民众，不会真的相信民众的力量和自身的优势。

巨大的灾难突降"天府之国"，大地颤抖，城镇被毁，数以万计的宝贵生命在废墟中呻吟。这个被地震重创的地方，却变成我们成长的一块沃土，孕育了社会工作专业的人。我常跟学生分享，我们在灾区虽然生活上比较艰苦，工作亦较为困难，面对的社区民众的需求也很复杂，但是这地方却孕育了社会工作价值，那就是对生命的尊重和珍惜，也唤醒了社会工作专业的灵魂、我们的社工心。所以 2008 年我经历的这一切，让我重新回看自己的初心，包括自己的"愿意"和"不愿意"、自己挣扎的"要"与"不要"。我明白为何自己那么讨厌和反感那些假借专家之名在灾区横行霸道的人、为何我们不能只是把灾区民众当成研究对象或者说有问题的案例（病例）来处理、为何我们反对那些"撞了人就溜"（hit and run）的专家们，因为他们没有看见伤口一再被撕开的是活生生的人。我的良心让我无法面对这些，无法用别人的创伤来成就自己的伟大。我选择尽量逃离由这场灾难带来的名利场。

2008 年，我已经陪伴中国社会工作走过 7 个年头，我时常提醒学生和自己，如果我看不见服务对象的需要，亦没有被他们生命触动，那社会工作将变得行政化、刻板化，成为一种失去灵魂的专业。我们要执着的不是什么专业知识、理论和技巧，更重要的是"社工心"和"社工灵魂"，那就是我们的专业价值观——我们怎样看我们的社区民众，是否以社区民众的需要出发，尽自己的能力去提供好的服务，让他们能发挥自己的潜能，让他们自己解决自己的问题，让他们的生命变得有价值、生活变得更有力量。2008 年在灾区的日子，对我而言，除了是对自己良心的拷问，还是对我自己学术灵魂的唤醒。是什么唤醒了我们的初心呢？是我们在灾区遇见的那些生命。正是我们碰见的社区民众让我寻回自己的初心，亦让我的"社工心"再次被坚定、被震撼。灾区的民众面对失去家园和财物，身体残缺甚至瘫痪，却依然那么积极，那么有力量去面对明天。即便是有些民众仍在沮丧及低落的处境中，但是他们至少愿意接纳我们这些社工，愿意在社工的陪伴中重新站起来。他们教会了我们很多东西，就像大姐们常挂嘴上的那一句话"没得事，没得事"。2008 年进出映秀，我们团队与村民的关系是何等的真实和密切，每次分离，那种从心底涌出的不舍，都来得那么真实。社工不就是做人的工作吗？"人"、"人的关系"不是比事情更重要吗？这个专业本身的意义，不在于我们做的事多么牛、多么重要、多么与众不同，而在于我们对人的关切和对生命的挚爱。

2008 年，我从团队每个人身上学会了很多东西。杨师傅，比我年长的同事，背负照顾家庭老少的责任，依然义无反顾地投入灾区的工作；张和清，比我年长的我的学生，常常承受无比巨大的压力，带领团队往前走；小裴，一个过着小资生活的中产阶层文化人，放下身段与我们同行；红红，朴实却又执着的研究生，为团队分担了种种烦琐的行政事务，有时还需要做超越她年龄的公关工作，令我敬佩；小康、小聂、小卢，三位刚刚毕业的社会工作本科毕业生，毫无畏惧来到我们当中，冲在一线。团队纵使要面对艰苦的生活环境，面对各方权力的要求，面对自己专业的不足及无奈，面对服务对象一个个悲伤的故事，大家也都非常坚忍。相信人会改变，相信人的潜质，这是我从我们团队的每个人身上体会到的。在内地推动社会工作专业，实在是困难重重，比如在灾区，面临需求大、资源短缺、文化的不理解、专业的不足等困难，但与这个团队同行，我感到中国内地社会工作的希望。我相信只要有一群坚忍、有责任感、尊重生命的社工，一切困难可以慢慢解决。这一片饱经磨难的土地让大家找到社工专业的灵魂，内化了社工价值观。

2008 年，因与这一群人同行，我看见这专业迷人的地方。在这里我要对团队每个人说声"谢谢"，你们让我经历了很多，为我的生命留下深刻的回忆，即使面对余震的危险、泥石流、交通意外、停水、停电，都是很值得的。

感谢我们相遇的机会，与你们的生命的交流和互动，更新了我的心思意念，转化了我的生命。

感谢 2008 相遇的人生的另一半，恍如生命的避风塘，使我归航时得以安息。

这就是我的 2008。

相关作者信息

姓名	所在单位	职务	从事灾害社会工作年限
张和清	中山大学	社会学与社会工作系教授、博导，中国社会工作教育协会副会长	9 年
高思发	北川大鱼青少年公益发展中心	理事长（中国心志愿者团队队长）	9 年
殷刘倩	成都市高新区美锦社区公益发展中心	理事长	9 年
但小莉	成都心家园社会工作服务中心	理事长	9 年
董明珠	成都授渔公益发展中心	副秘书长兼项目总监、联合创始人	9 年
周文国	秦巴乡村发展研究中心	理事长	9 年
霍小玲	香港理工大学应用社会科学系	生命教育项目课程统筹	8 年
古学斌	香港理工大学应用社会科学系社会学专业负责人、博士生导师，中国研究与发展网络中心主任，中国社会工作博士课程主任		9 年

图书在版编目（CIP）数据

现场：生命激荡的 2008 / 张和清主编. -- 北京：
社会科学文献出版社，2017.5
（灾害启示录系列）
ISBN 978 - 7 - 5201 - 0662 - 7

Ⅰ.①现… Ⅱ.①张… Ⅲ.①救灾 - 社会工作 - 研究
- 中国 Ⅳ.①D632.5

中国版本图书馆 CIP 数据核字（2017）第 067546 号

灾害启示录系列

现场：生命激荡的 2008

主 编 / 张和清

出 版 人 / 谢寿光
项目统筹 / 杨桂凤
责任编辑 / 王学英 杨桂凤

出 版 / 社会科学文献出版社·社会学编辑部（010）59367159
地址：北京市北三环中路甲 29 号院华龙大厦 邮编：100029
网址：www.ssap.com.cn
发 行 / 市场营销中心（010）59367081 59367018
印 装 / 三河市尚艺印装有限公司

规 格 / 开 本：787mm × 1092mm 1/16
印 张：9.75 字 数：149 千字
版 次 / 2017 年 5 月第 1 版 2017 年 5 月第 1 次印刷
书 号 / ISBN 978 - 7 - 5201 - 0662 - 7
定 价 / 59.00 元